经济学的

Economics Tricks

诡计

李芷琳 编著

天津科学技术出版社

图书在版编目(CIP)数据

经济学的诡计 / 李芷琳编著.—天津：天津科学技术出版社，
2009.9

ISBN 978－7－5308－5337－5

Ⅰ.经… Ⅱ.李… Ⅲ.经济学－通俗读物 Ⅳ.F0－49

中国版本图书馆 CIP 数据核字(2009)第 172222 号

责任编辑:刘丽燕
责任印制:白彦生

天津科学技术出版社出版
出版人:蔡 颢
天津市西康路 35 号 邮编 300051
电话(022)23332490(编辑部) 23332391(发行)
网址:www.tjkjcbs.com.cn
新华书店经销
天津泰宇印务有限公司印刷

开本 710×1000 1/16 印张 15.625 字数 202 000
2014 年 1 月第 1 版第 2 次印刷
定价:36.00 元

前言
Preface

　　经济学是社会科学中的一门学科，它是专门研究人类经济行为和经济现象的。在生活中，处处可见经济学原理的影子。商场为什么总是在运用各种促销手段不惜降价销售产品？为什么现在二手市场如此流行？为什么房子越来越贵？俗话说得好："天下没有免费的午餐。"但是，为什么商家总会给消费者提供免费的服务和产品呢？

　　如果你是一名普通职员，那么你一定会想要得到一个"金饭碗"；如果你是一名企业家，那么你一定会想让自己的公司变得更加强大。身在职场的人，都会对"物竞天择，适者生存"深有体会，但是你知道其中隐藏着什么样的经济学概念吗？现代社会，生存压力越来越大，在自主创业的这条路上，为什么有人成功了，而有人却失败？

　　在我们的一生中，诸如此类的疑问和困惑总会出现，但是不要担心，我们可从本书中所介绍的经济学原理和分析工具中找到答案。而且，即使你此前从未接触过经济学，也能够轻松读懂本书的内容。

　　如果我们读过了这本书，就会了解了成本与利润的关系，就会理性地对待商家的促销诱惑，从而懂得克制自己了；知道边际效益的规律，你就会明白为什么二手市场如此繁荣；懂得了时间机会成本和路径依赖原则，你就会在想跳槽或面对多个职业方向选择时，更加客观地加以权衡，找到最佳的方案；而一旦掌握了物品稀缺价值的原理，你或许就会给自己那刚刚创办的事业找到一个新的生财之道……经济学并非看上去那样高深莫测或者枯燥无味，而是与我们每个普通人的日常生活息息相关。如果我们想要在生活中更加清醒，在工作中更加客观地面对各种抉择与挑战的话，不如一起来读读这本书，这样就会懂得经济学道理，摸清经济学规律。

虽然，我们阅读完本书后不可能成为经济学家，但是却能更好地规划人生，在工作中创造卓越的成就，在生活中发现经济的奥妙，让自己的每一天都过得充实、有意义。

目 录
Contents

Chapter 3

借助他人的力量——合作中的经济学诡计

过去，人们总习惯于"凡事自己来"，这是一个很错误的经济思维。事实上，两个人的力量相加，远小于合作所产生的力量，合作能够创造出想象不到的价值来。但是怎么合作，人们又该如何分工呢？本章告诉你答案。

Chapter 4

让企业高速转起来——经营中的经济学诡计

对于任何企业管理者和经营者来说，如何让组织与团队高速运转起来，是一门科学。本章中所介绍的一些经营中的经济学诡计，将会大大提高组织运营的能力，充分调动每个员工的积极性，帮助组织越来越强大。

Chapter 5

聪明人的赚钱游戏——投资中的经济学诡计

投资学是经济学的一个重要分支，小到家庭理财，大到金融机构的运营，里面都离不开投资的学问。投资在很大程度上也和人的心理活动有关，所以，适当运用一些心理策略，会让你在投资中以小搏大。

Chapter 6

把人脉变成金矿——社交中的经济学诡计

很多时候，我们不知道如何与人交往，不知道与什么样的人交往，更不清楚如何通过与人交往让自己受益。其实，人脉中蕴涵着丰富的财富，你需要做的只是擦亮双眼，多用一点心理策略，有选择性、有重点地交往，就能把人脉变金矿。

Chapter 7

知道越多，胜算越大——信息中的经济学诡计

这是一个信息时代。很显然，信息的作用在经济活动中非常重要，甚至直接影响经济活动的结果，信息的不对称会直接造成经济风险。如果能把信息准确快速地传递出去，就可能为自己赢得成功的机会，反之，如果传递的是错误信息，就会导致失败。

Chapter 8

讨价还价智慧大——谈判中的经济学诡计

谈判在我们的生活中无处不在，小到菜市场买菜时的讨价还价，大到两个国家经济贸易中的圆桌会议，可以说，出色的谈判技巧和策略，是我们争取经济效益最大化的必备能力。所以，我们必须学点讨价还价中的智慧了。

Chapter 9

懂得选择，学会放弃——决策中的经济学诡计

为了获得利益，采取了一些措施，但是后来发现我们陷入了一个尴尬的境地，慢慢地我们不再希望获利（因为根本就不能获利），这时候开始努力减少损失！这就是一个典型的决策经济学。在这种骑虎难下的境地，该如何做出正确的抉择？

Chapter 10

进退之间，克敌致富——竞争中的经济学诡计

在这个竞争无处不在的社会，我们随时都会陷入骑虎难下的境地。相持不下的时候，是选择进攻还是后退？是选择暂时的忍让还是两败俱伤？如何做出正确的选择，一切取决于你的经济学诡计。

Chapter 11

幸福也是一种投资——恋爱中的经济学诡计

恋爱不只是花前月下的甜言蜜语，其实，简单的爱情里面也有复杂的经济学问题。你为爱情付出了什么？你从爱情中收获了什么？你的爱情的期限是多久？其实都可以从经济学角度给出解释。说白了，爱情也是经济行为，信不信由你。

Chapter 12

少付出也能多得到——偷懒中的经济学诡计

有一个很有意思的现象——多劳未必能够多得。在生活中，很多时候，并不是埋头苦干就可以的，你必须动脑筋思考一下付出与得到之间的比例，寻求得失平衡。任何位置都有那个位置该有的经济学对策，正确地运用策略，让自己少付出却得到的更多吧。

Chapter 1

心理策略的经济博弈
——解读经济学的诡计

经济学是一门研究人类经济行为的科学。既然经济学是与人有关的，就一定离不开人类的心理活动。经济学的诡计是人们在经济行为中可以采用的心理策略，应用恰当，可以帮助人们扩大自己的经济效益，实现价值的最大化。

▶▶ 人人都需要懂点经济学

熊彼特（Joseph Schumpeter）是一位有名的经济学家，他曾说："人们需要承认，经济学研究有着区别于其他学科的特殊困难之处，因为在这门学科中，相对于其他任何学科而言，普通常识比人们能够积累的科学知识要走的远得多。"

现在甚至有"经济学帝国主义"这样一种说法，意思是经济学研究涉足的范围超过了经济问题本身，而侵占了其他学科的领地。

在我们填报大学志愿时，最热门专业非经济类专业莫属了，一般高分者才敢填报。如果大学期间没有机会读经济学，研究生阶段再也不能错过，于是跨专业考经济学研究生成了大学的一道风景线。

财经新闻、股票行情等经济消息不管在电视上，还是在报纸上比比皆是；经济学家们经常被邀为政府的座上宾，对国家经济政策出谋划策，指点江山。

在现代社会，我们如果不懂经济学，不知道需求、供给、GDP、CPI、股票指数、个人所得税，是很难在这个社会很好地生存下去的。

平衡是经济学讲究的重点之一，可是，现代不少人的生活却失去了平衡。不能叫我们感到满足的事情——如经济学家所说，这叫做不能带来持久"效用"——我们越做越多；而能令我们感到满足的事情，我们却越做越少。一部分原因，是我们往往不知道自己想要什么，不知道要什么对自己最好；另一部分原因，是对我们而言最重要的事情，并没给商家带来多少牟利的机会。的确，我们在竭力免受苛求的上司的责难，以及不受自私买卖的诱骗方面花费了不少时间，我们将很多时间都用在了不断的冲突当中。

纵观现在的世界，国际经济形势风云突变，国内经济政策频频出台。我们每个人未来几年的生活都将受到这些经济事件的影响：打折商品和二手货哪个更便宜？在投资时，如何成为"聪明的小猪"而不做"最大的笨蛋"？生活中的每个细节都蕴藏着经济学的道理。由此可见，我们的生活是离不开经济学的。

▶▶ 经济社会，脑子不能不转

想必20世纪80年代动画片中日本聪明小和尚一休的形象很是深入人心吧。它说明只有转动脑子才能取得成功，而不会动脑子的人永远不会明白自己为什么失败。没有什么事情是解决不了的，就在你觉得自己不能解决的时候，其实你是在选择了一个输掉的方法。经济社会脑子不能不转。

智慧是人与动物的本质区别，是人所拥有的独特的属性。要舍得并肯于动脑，才能让脑子越来越灵活，才能给自己一个更完美的玩法。

看看下面这些令人欷歔不已的报道吧。

一些女大学生被骗，卖到乡下给人做媳妇儿，而这些国家的一代骄子能做的就只有梨花带雨、哭哭啼啼、任人宰割。她们的学富五车、满腹经纶在此时却毫无用处。又如现在报纸上屡屡刊登说公交车上的青壮年眼睁睁地看着劫匪拿着匕首胡作非为，而他们却神情麻木，没有采取任何的行动。这是社会的悲哀，这是国家的悲哀啊！

再让我们看看下面这个例子吧。

Alex是英国一名学生，他从小就喜欢奇思怪想。Alex曾有过这样的大胆创意：为了筹集自己的大学学费而又不想从银行贷款，于是突发奇想，只用10分钟就建立了一个名叫百万首页的网站

（milliondollarhomepage.com），然后将这个网站的首页平均分成1万份，每一份只是一个小小的格子，他宣称每个格子卖100美元，于是一个几乎是零成本的网页，任何一个买家可以在购买的格子中放置自己网站的LOGO、名字或者特意设计的图片链接等。经过Alex的创意后，这个网站就变成了高达百万美元的网页。

上网人人都会，但是，不是每个人都能够从网络中轻松地赚钱，这个小伙子却做到了，他只不过运用了经济学中的一些小诡计，让别人没有办法不羡慕他。

其实，生活中很多事情都是这样，就看我们会不会从中发掘一些闪光的东西。每个人的生活都是由小事情组成的，但是如果在这些小事情上没有足够的智慧，也会让自己的生活一团糟糕，所以我们自己不妨动起脑子来，去解决生活中的每一件事情。

在经济学的世界中，只有转动脑筋才会成功。而不动脑筋的人和任人宰割的植物有什么区别，不就是木头一个么？但是就是有很多的人容易上当，很容易失败，很多时候不是因为事情有多么的复杂，只是因为他自己不好好用脑而已。

在生活中，那些不爱用自己智慧的人总是会遇到各种困难，其实稍微动一下自己的脑子，下一些决心，就能避免一些损失。

有这样一对夫妻，他们在结婚之前身边没有什么积蓄，是典型的"月光族"。组成家庭之后，夫妻俩决定要好好存钱，认为没有一定的经济基础难以承受风险，而且以后要了小孩更麻烦，于是夫妻达成了储蓄的协议。但是夫妻俩都是会挣钱也更会花钱的人。他们俩在繁华地段买了住房，周围商场林立，只要一有空闲，妻子就会拉着丈夫去逛商场。看见新潮的东西，夫妻俩总是忍不住要伫立欣赏半天，在伶牙俐齿的推销员的怂恿下，往往会毫不吝啬地刷卡购买。当夫妻俩发现买的东西并不是什么要紧的东西，白白打乱了自己的储蓄计划时，夫妻俩互相反复叮嘱，不能轻易再被人唆使购买不需要的东西了。为了做到这一点，他们动了一番脑筋，决定以后逛商场前先列个购物清单，坚决不买清单之外的东西。

但是，每次逛商场时，他们发现要购买的清单上的生活用品总是摆在商场内比较偏僻、不起眼的地方，他们总要先路过服装、饰品、化妆品、家居用品等柜台。经过琳琅满目的货架，夫妻俩又总是不自觉地停下来，对那些时尚物品把玩半天，最后还是决定买下来，而且每次都说这是最后一次。那些真正列入清单的物品，就只会成为这次购物的附属品，都是在最后匆匆搭上的。他们几乎每次购物都是这样。

　　一年来，家里的时尚用品增加了不少，却发现许多都没有什么实际用途，清理的时候又不知该放到哪儿。工资虽然涨了，但是再看自己的存折，并没有添上一位数。夫妻俩很郁闷，为什么就是忍不住会上当呢？为什么就是存不住钱呢？

　　这种现象在现代生活中是很普遍的，人们赚了更多的钱可是花掉的似乎比赚的还多，往往买了一堆不需要的东西。

　　生活消费品，特别是食品消费对于众多的顾客是一项重要内容，很多消费者进入超市就是要购买自己需要的物品。对于超市来说，如果把客人消费频率最高的东西摆在最前面、最抢眼的地方，那么大部分消费者买上自己最需要的东西后就会离去，对那些可买可不买的物品根本就不去看，消费这些东西的机会就会减少很多，这样对超市是极其不利的。长此以往，超市想要推销的产品就没有足够的潜在顾客。而精明的商人都会把众多的中高档产品摆在顾客一眼就能看见的地方，却把大众需要的一些普通用品放置在角落里，如果顾客不懂得商家的用意，就会陷入他们的陷阱之中。这只是经济学中一个很小的伎俩，如果我们懂得一点经济学知识，相信就能识破商家的"骗局"了。

　　上文中的这对夫妻显然是被超市"骗"了，他们强烈地想占有新奇、时髦的产品，是典型的"月光族"的代表。他们每一次在购买自己的必需品时都会经过超市设立的"陷阱"，这时候一场没有硝烟的战争就打响了。

　　其实，这些只不过是经济学中的小游戏而已，双方都在想着用自己最好的方式来进行。当我们对待这些小游戏时，如果不动用自己的脑子就会成为生活中的失败者。因此，在这个经济社会，不管遇到什么样的事情，我们都要养成一种习惯，那就是需要不断地思考，多使用自己的智慧。主意都是想出来的，只有多使用脑子，才能让自己的生活更加优于别人。

▶▶ 用经济学的思维去思考

当从非数学的角度去看经济理论后，人们会发现它的本质是非常浅显和生活化的。许多人有一种信念：只有统治者才能使社会秩序免于混乱。事实上，社会秩序来自于个体选择与群体合作。亚当·斯密这样说过："社会分工一经完全确立，所有人都要依靠交换而生活，所以在一定程度上所有人都成为商人，社会也成为商业社会。"

分工与交换最根本的动因是个体对自身利益的追求，虽然它是一种群体合作的表现，但却无需统治者，这是个体选择的无意的结果，它受内在规律支配。有时，统治者试图打破这种规律，反而有可能使自己成为混乱的根源，而不是混乱的终结者。

现代社会是一个有规律可循的商业社会，我们每个人生活在其中，都可以算是一个"商人"，那么我们就应该尝试用经济学的思维方式去找寻其中的规律。

世界上没有免费的午餐，这句话可以很好地概括出经济学的思维方式。做任何事情都是有成本的，我们只能在不同的选择中权衡。个人选择需要权衡，公共政策和法律制度的制定也要权衡。为什么没有免费的午餐？因为人的行为基本上是理性的。公共政策必须建立在理性人假设的基础上，否则，就会事与愿违，导致整个社会的损失。计划经济制度很好地证明了这一点，由于它与个人理性不相容，因而一定失败。

不是因为人们不理性而喜欢免费午餐，其实是因为人们的理性总是希望让别人为自己支付午餐费，除非有制度规则禁止他们这样做。比如，当一些人希望政府控制价格的时候，他们的真实意图是自己为获得同样的东西少支付一些费用，而不是为了真正的公共利益；类似地，当一些人主张政府应该限制某些行业的准入的时候，他们的真实意图是保护自己的垄断地位，而非维护市场秩序。如果我们不断满足他们的要求而忘记了这一点要求，社会就会因此而陷入"囚徒困境"：选择吃免费午餐的结果是每个人都得支付比本来高得多的费用。

人们在渴望学习经济学知识的同时，往往会被越来越数学化的经济理论所吓倒，但如果抛开这些数学外衣之后，人们是很容易理解经济学思维的本质的。对于大众而言，经济理论知识本身并不重要，因为它通常给不出现实的结论，重要的是理论知识背后的思维方式，以及一些有助于思维的工具。

当我们一旦开始了经济学的思考时就不会停止，不管是谁都会因它而上瘾。一旦你习惯了经济学推理的原则，并把它变成你自己的工具，你就会发现它大有用武之地。你会发现，从某种角度来说，很多经济和社会事务的文章或言论，其实是真知灼见和胡言乱语的混合物。

▶▶ 能方，更要懂得圆

"能伸先要能屈,能飞还要能伏,能方妙在能圆,能直妙在能曲。"这句话说得是很有道理的。事情都不是一面的，要解决好一件事情并不是说只有一种方法，你看跳远的运动员想要跳得更远都要先弯曲自己的肢体。

在经济学中，不仅要能方，还要能圆。方是教你要坚守自己的正确原则，而圆是教你在处事的方式上要学会灵活的方法。

只方不圆，虽然可以做到方方正正、原地踏步，但是，缺少一种灵活性。这样的人是办不好事情的，太死板的方式谁都不喜欢。

只圆不方，可以说是一个八面玲珑、滚来滚去的球，但这样不免有点失方圆滑了。方，是人格的自立，自我价值的体现，是对人类文明的孜孜以求，是对美好理想的坚定追求。

中国古代的钱币包含着一种做人的道理，它是一种外圆内方的形状，就像人一样，能够把圆和方的智慧结合起来，做到该方就方，该圆就圆，方到什么程度，圆到什么程度，都恰到好处，左右逢源。

古人讲究中庸之道，就是一个很好的方圆的例子。而著名的大禹治水的故事，也是一个绝好的示范，很值得我们去学习。

黄河是我国的母亲河，它哺育了伟大的中华民族，是中华民族的摇篮，但是，同时它也曾给祖国大地带来过很大的灾难。在我国远古时代，相传四五千年前，发生了一次特大洪水灾害。为了解除水患，部落联盟会议推举了鲧去治水，鲧采用的方法是筑堤防水，可是今天刚筑好的堤坝，明天就被大水冲垮了。在鲧治水的九年时间里，对洪水束手无策，由于劳民伤财而耽误了大事，最终在羽山被处死。

禹是鲧的儿子，于是，舜下令让禹来治水。禹在治水过程中，善于思考，善于总结前人的经验，善于作退一步思考，不钻进一条死胡同里。他凭着自身的智慧和顽强的斗争精神，经过十几年的艰苦斗争，利用疏导的办法，开凿了许多条河流渠道，终于把洪水引入大河，由大河流入大海，最终取得治黄的成功。其实，疏导对于筑堤来说是一种后退，面对汹涌而来的河水，我们不后退怎么能行呢？后退并非意味着河水的强大，也并非意味着向河水低头，只是为了寻找更好的方法来控制它、疏导它，最终牵引它流入大海。

大禹在治水中，采取了以退为进的新方法，而没有采用以往的方法，最终的结果自然也就不一样了。他的父亲墨守成规，虽然也是一心想要治理好水灾，而结果只落得一个被杀头的下场。这就是只会方而不知圆的后果了。

大禹的功绩对中国世世代代的人们是很重要的，是功不可没的，他的方圆结合也让自己成为功臣，更避免了像自己父亲那样的下场，保全自己又救了万民。

其实，用一种圆滑的、退让的方式来解决问题并不是说明你的懦弱，而是大丈夫能屈能伸的行为，这才是智慧的象征。古人形容大丈夫就说能屈能伸为大丈夫也，可见大丈夫行事，理应是有进有退。退的目的是为什么呢？是为了更好地进攻。

一个有很强责任心的人，活着不仅仅只是为了生存，他还要扬善惩恶，还要去战斗，还要有奉献的精神；可是如果因此受到压制，一生碌碌无为，我们能不能说，他达到了自己的人生目的？

这些勇者的失败必然有其原因。

为什么很多具备才智的人，最终却落得两手空空，时光空度，一事无成呢？这在于对"方圆处世"这个大原则没有了解或了解得不深。对这样的人来说，他们在这场经济学游戏中，被别人打压下去了已经成为了弱者，何来成功呢。

还有，方圆更是生活中的小事中的必不可少的原则。好话人人都爱听，缓和的方式人人都能接受。虽然良药苦口，忠言逆耳，但是如果你有足够的智慧去采用顺耳的忠言，那岂不是妙哉？

孩子的教育问题越来越被大家所重视，但是很多人不但教育不好孩子，反而让孩子的逆反心理更加强烈了。坚持让孩子走上正道是每个家长内心的"方"，这是必须要坚持的，但是方式上一定要学会"圆"，才能百战百胜。

我们来看看下面这个故事里面的家长是怎么教育孩子的。

小王是一名初三的学生，由于最近数学成绩下滑太厉害，他的家长忧心忡忡，气得一连好几顿饭都吃不好，不知道该怎么办。对孩子骂也骂了，训也训了，谈心也谈过了，还是没有什么用。后来，小王的父母不得不向一位教育家讨教，以求这个问题的解决。

专家问他们何种原因导致了现在这种局面。小王的父母说也并非孩子不刻苦用功，每天老师留的作业累得孩子连自己心爱的足球赛也无法观看，体育锻炼的时间更不用说了。可这孩子对戏剧艺术挺感兴趣，无论什么时候一谈起京剧便能脱口唱出，而且其嗓音也是极其出色的。但是，小王的父母都认为，学京剧在目前社会上是没有出息的，无法凭此找到一份安稳的好工作，于是，横加指责孩子的兴趣，而不鼓励孩子的自由发展。

专家建议他们不能强逼孩子去干自己不愿干的事，也不能强逼孩子放弃自己的兴趣和业余爱好。唯一可行的办法就是退一步海阔天空，让孩子在广阔的天地里找到自己的欢乐、痛苦、成功、失败，当然，最终他肯定会找到自己的成功！

过了几周，小王的父母给小王报名参加了业余京剧班，小王的进步很快。同时，学习也更加得心应手，心理压力去掉了，似乎前边的路很宽，也很轻松。

其实，事情就是这样简单，如果死守着不变的方式，简单的事情也能变复杂。古代的教育方式是"棍棒之下出孝子"，可是在古代仍旧有一些不孝的孩子。小王的父母听取了教育家的建议，采取了灵活的教育方式，孩子得到了自己想要的东西后变得更加地听话，同时他们心中的"方"得到了落实，这才是真正的赢家。

在这个多变的社会里，生活经验的缺乏不是真正的危险，认识不到变化、不能把握变化的规律才是真正的危险。生活在这样一个变化多端的社会，需要人们具有最灵活、最敏捷的应变能力，审时度势，纵观全局，于千头万绪之中找出关键所在，权衡利弊，及时做出可行、有效的决断。

圆滑处世、当老好人不是方圆之道；营私舞弊、贪污贿赂也不是方圆之道；结党营私、投机取巧更不是方圆之道。方圆之道其实是人生智慧的凝结，是平和地应对一切，取得各种胜利于无形之中。

经济学的思维方式就是让我们建立一个摆脱"囚徒困境"的制度，而方圆兼备是做人做事的高境界，是一种处世经济学思维的体现。

▶▶ 让生活变得更美好

当我们端起茶杯、拿起手机时，就存在贸易了。人们美好的生活离不开贸易，贸易无处不在。人们身边很多的美好事物都是贸易所给予的。经济学家曼昆将之总结为：贸易可以使每个人的生活状况都变得更好。

先来看一下人们一天的生活。

清晨，我们从盖着由新疆生产的棉花而在江苏缝制的棉被中醒来；洗漱完毕，便收到了由大兴安岭的树木制造的纸而在北京印刷的早报；来到餐桌前，喝上一杯由巴西产的咖啡豆而在中国加工制作的咖啡；整理完毕，开上一辆由十几个国家各自生产的配件组装成的汽车去上班……

中午闲暇休息时，我们会打开在中国生产的，安装着美国研发的系统软件的电脑，开始玩游戏；玩厌倦了，又通过中国公司提供的网络服务来浏览世界各地的趣闻……

晚上公司聚会时，我们会去一家由日本人投资而意大利人当主厨的意式餐馆；又喝了几瓶由西班牙生产而在中国进行包装的红酒……

这样的一天看似充满着浪漫和趣味，深究其中，我们会发现正是贸易经济构建了这种美好生活。一个人从早到晚，甚至连睡觉的时候都离不开贸易。人们喝的咖啡、玩的游戏等，都隐藏着由合作而产生的贸易经济。什么是贸易经济？为什么要发展贸易经济？其实，原因很简单，贸易可以使我们的生活更加美好。

曼昆是一位著名的经济学家，他说过："贸易可以使每个人的生活状况都变得更好。"这是一个重要经济学原理，它与人们的生活、工作、学习等密切相关，是人们生活中必知的一个经济学原理。

我们需要先认识一下何为贸易，何为贸易经济，这样才能认识贸易经济的好处。

贸易就是指自愿的商品或服务交换，贸易经济则指通过商品及服务的流通与交流从而促进社会经济发展的模式。

我们可以从养牛人和农夫的故事来解释这一经济概念。

养牛人和农夫都很喜欢吃牛肉和土豆。假设他们每周工作40小时，那么就会有两种情况。

（1）养牛人和农夫都既生产牛肉又生产土豆。养牛人生产一斤牛肉的时间是60分钟，生产一斤土豆的时间是40分钟；而农夫生产一斤牛肉的时间是120分钟，生产一斤土豆的时间是20分钟。40小时后，养牛人所得牛肉为40斤，土豆60斤；农夫所得牛肉为20斤，土豆120斤。

（2）养牛人和农夫都各自在擅长的领域进行生产，养牛人生产牛肉，农夫生产土豆。于是他们各自的效率都有所上升，养牛人生产一斤牛肉只需30分钟，农夫生产一斤土豆也只需10分钟。40小时后，养牛人得到了80斤牛肉，农夫得到了240斤土豆。

也许有人会认为第一种情况更好，每个人都既能得到牛肉还有土豆可吃。其实不然，我们在考虑这个问题的同时，不要忘了贸易经济的存在。

如果1斤牛肉可换得4斤土豆，养牛人拿出20斤牛肉就可获得80斤土豆，而自己还剩了60斤牛肉，从而得到了60斤牛肉、80斤土豆，而农夫也得到了20斤牛肉、160斤土豆。

从此，他们可以在自己最擅长的领域进行生产，而再也不用忙了这头再顾那头。专心致志地生产一种产品，不仅效率提高了，产品的质量也得到了提高，而这种分工合作的最大好处就是他们各自的生产成本都降低了。归根结底，他们两人从贸易经济中得到了更多，因而他们原有的状况改善了。

不同的人都有自己的不同的地方，而且每个人都会有自己特殊的做事方式和方法,人与人之间是存在着差异的。贸易经济使大家的成果能够互相交换，不必亲自去生产却能从他人那里得到自己需要的东西，这远比各自为战、孤立生产要好得多。就像一辆汽车，由瑞典提供发动机、美国提供车框架、泰国提供轮胎、日本提供保险杠、韩国提供车灯……最后在中国进行组装加工。我们可以从中看出，各国的优势在贸易经济中都发挥了出来，从而能生产出了更优质的汽车。

现实证明，每个人的生活、工作、学习状况能在贸易中变得更好，当我们享受由此而带来的乐趣时，不要忘记背后的贸易经济的作用。不妨自己做个小测试，观察一下，在你每一天的生活中，存在着多少贸易，而自己又参与了多少贸易经济活动。了解贸易经济的原理，你的生活必将会变得更加丰富多彩。

Chapter 2

晋升与加薪的关键
——职场中的经济学诡计

在职场中打拼，想要实现晋升与加薪，不光要努力提高自己的业务能力，还要学会采用一些经济学的诡计。掌握了这些心理小策略，可以更轻松地理解职场中的晋升原则，可以少花力气，实现大的突破。

▶▶ 赢家通吃的法则——马太效应

好的愈好，坏的愈坏，多的愈多，少的愈少，这种现象被称为马太效应，来自于马太福音中的一则寓言。

《新约·马太福音》中有这样一个故事：一个国王要出远门，他在远行前交给三个仆人每人一锭银子，并吩咐他们："你们拿这些银子去做生意，等我回来时再来见我。"国王回来时，第一个仆人说："主人，你交给我的一锭银子，我已赚了10锭。"于是国王奖励了他10座城邑。第二个仆人报告说："主人，你给我的一锭银子，我已赚了5锭。"于是国王便奖励了他5座城邑。第三个仆人报告说："主人，你给我的一锭银子，我一直包在手巾里存着，我怕丢失，一直没有拿出来。"于是，国王命令将第三个仆人的那锭银子赏给第一个仆人，并且说："凡是少的，就连他所有的，也要夺过来。凡是多的，还要给他，叫他多多益善。"这反映了当今社会中存在的一个普遍现象，即赢家通吃，它就是著名的马太效应。

社会生活中广泛存在着"马太效应"，它在各个领域中都发挥着重要的作用。以经济领域为例，国际上关于地区之间发展趋势主要存在着两种不同的观点：一种是新古典增长理论的"趋同假说"。该假说认为，由于资本的报酬递减规律，当发达地区出现资本报酬递减时，资本就会流向还未出现报酬递减的欠发达地区，其结果是发达地区的增长速度减慢，而欠发达地区的增速加快，最终导致两类地区发达程度的趋同。另一种观点是，当同时考虑到制度、人力资源等因素时，往往会出现另外一种结果，即发达地区与欠发达地区之间呈现"发展趋异"的"马太效应"。又如，现在世界上一个普遍的现象是人才危机，"马太效应"在人才占有上的效果将更加显现：占有人才越多的地方，能吸引更多的人才；反过来，则人才越稀缺。

对企业来说，一些企业因为"越来越富"而表现得有些猖狂，常常失去理智。这样的企业摔跟头打喷嚏者不可胜数！且不说一些企业发展到一定的地步就会进入"青春期"，并出现"青春期"的问题与症状。不妨阅读一下《大失败》就可知一二。当然，在社会发展高速度进行的过程中，由于企业的利润很多是来自于非正常竞争的收入，就会掩盖许多现阶段管理与发展过程中的一些突出问题。所以，我们可以经常看到，当市场不景气，消费不旺，企业没有钱的时候，企业最渴望得到科技成果的帮助，因此，企业在最没有钱的时候投入到科技创新领域的资金越多，而企业的赢利水平越高的时候，企业投入到科技研发方面的资金却越少。这是中国企业发展的一个十分奇特的现象。当然，我们希望对于科技投入也产生"马太效应"那该多好呀！可是，要实现它意味着我们要付出很多的努力，恐怕还要等若干年，甚至更长，这对于我们来说几乎就是一个梦想。

同样，很多企业因为"越来越穷"也失去了一些机会。尤其是在房地产领域，中国的许多企业与港澳企业相比的确有差距，所以，在地产领域中国的一些企业是不占优势的。当然，组织起来就显优势了，港澳企业一般是做不到的。但是，这些企业的发展基本上是靠粗放式发展的。因为，这些企业连最基本的规章制度都没有，更别说什么绩效考核、企业发展战略、企业品牌建设、企业文化建设等，基本上就是靠财大气粗带来的竞争优势在发展。所以，对于一个小企业，你可能确实要失去一些发展的机会，但是，塞翁失马，焉知非福。你可以腾出时间和精力来练内功，把规章制度、发展战略等建立磨合得锐利无比，等待时机以求发展。而那些所谓的大企业根本就看不到自己自身发展存在的严重问题，一直沉浸在发展的幸福之中，而当环境发生变化时，他们必败无疑。

一般来讲，大企业都比较心高气傲，一般的项目他们看不上眼，这样小企业就可能有机会了，就看会不会把握了。所以，机会还是有的，就是利润值不那么高而已。但是，从中恰恰能锻炼你经营企业的能力，增强你的危机意识，有效地提升企业的素质。

所以，不管面对什么事情都不要惊慌失措，也不要得意忘形。因为，任何事物都是具有两面性的，就看你怎样把握它。同样的道理，个人事业的发展也是如此。

当问道谁是篮球世界里的No.1，相信大多数的人都会选择乔丹。然而很少有人深思过这样一个问题：第一比第十在能力上能强过几十倍吗？答案不言自明。可是，尽管乔丹的才华没有比其他优秀球员强几十倍，但是他们的收入却相差几十倍。这就充分凸现了"赢家通吃"这个残酷的现实。

现实生活并不遵从公平原则，相反却是十分残酷的。那么，一个对生活抱有希望的人，一个想成就一番事业的人，就不能停留在抱怨上，而是应该直面"赢家通吃"这一现实，增强心理承受能力，促使自己成长，争取有朝一日成为某一领域的No.1。

▶▶ 来自外部的刺激——鲶鱼效应

很久以前，挪威人从深海捕捞沙丁鱼，但是由于到达港口需要很长的时间，因而沙丁鱼都死了，如果是活鱼的话，价钱就会比死鱼高好几倍。渔民们想了无数的办法，想让沙丁鱼活着上岸，但都失败了。可是，却有一只渔船总能带着活沙丁鱼回到港内。人们一直很奇怪这条船的秘密何在呢？

该船船长一直严守这个秘密，直到他死后，人们打开他的鱼槽，才发现只不过是多了一条鲶鱼。原来当鲶鱼装入鱼槽后，就会四处游动，不断地追逐沙丁鱼。大量沙丁鱼发现多了一个"异己分子"，自然也会紧张起来，在追逐下拼命游动，激发了其内部的活力。这样一来，沙丁鱼在求生的念头下，一直能活着回到港口。"鲶鱼效应"就来自于这个故事。

在动物世界，如果没有外界的刺激，动物们就会变得死气沉沉，毫无斗志可言。同样，一个人如果没有对手，那他就会甘于平庸，养成惰性，最终导致庸碌无为。

两千多年前，一些养马的人就深深地明白这个道理。他们在马厩中养猴，以避马瘟。原理是什么呢？据有关专家分析，因为猴子天性好动，这样可以使一些神经质的马得到一定的训练，使马从易惊易怒的状态中解脱出来，对于突然出现的人或物，以及声响等不再惊惶失措。马是可以站着消化和睡觉的，只有在疲惫和体力不支或生病时才卧倒休息。在马厩中养的猴子会让马不卧倒而经常站立着，这样可以提高马对血吸虫病的抵抗能力。

养在马厩中的猴子所起的作用就相当于鱼槽里的鲶鱼，它们可以"辟恶，消百病"，也可以称为"弼马瘟"。

不管是谁，体内都有着巨大的潜能，一旦这些潜能被释放出来，我们就能做到平常根本做不到的事情。被尊为"控制论之父"的维纳认为，每一个人，即使是做出了辉煌成就的人，在他一生中所利用大脑的潜能也还不到百亿分之一。

自我激励可以开发人们的潜能，但通过外因的激发带来能量的释放是一种更可靠、更适用的方法。因为自我激励需要坚强的意志力，而外因的激活则是人的一种本能反应，而且它的激发本身带有一种竞技游戏的效果。

鸟类中最强壮的非鹰莫属，动物学家研究发现这可能与老鹰的喂食习惯有关。老鹰一次生下四五只小鹰，由于它们的巢穴很高，所以猎捕回来的食物一次只能喂食一只小鹰，而老鹰的喂食方式并不是依平等的原则，而是哪一只小鹰抢得凶就给谁吃。在此情况下，吃不到食物的小鹰都会因瘦弱而死，存活下来的则是最凶狠的小鹰。如此下去，它们的种群就会愈来愈强壮。

其实，大多数的人天生是懒惰的，能避免竞争就避免竞争；大部分没有雄心壮志和负责精神，缺乏理性，不能自律，容易受他人影响，宁可期望别人来领导和指挥，就算有一部分人有着宏大的目标，也缺乏执行的勇气。

每个人都会追求安逸舒适的生活，贪图享受在所难免，因而人的懒惰也有着一种自我强化机制。另一方面，所处环境给他们带来安逸的感觉，使之老是局限在一个安逸环境，难免闭目塞听，思想僵化，盲目自满，甚至会产生"磨""疲""油"。而进入一个充满竞争的环境，安逸的生活被竞争者打破时，人们就会警觉起来，懒惰的天性也会随着环境的改变而受到节制。一旦人的干劲和潜力被激发出来，就能克服懒惰，取得成功。

鲶鱼效应对于一个组织来说有着举足轻重的作用，它很好地说明了人员流动的必要性和重要性。一个单位如果人员长期固定，就少了新鲜感和活力，容易产生惰性。运用这一效应，加入一些"鲶鱼"，通过新成员的"中途介入"，制造一种紧张空气，有助于激发群体成员的活力和竞争意识，从而提高工作效率，为企业创造更多的成果。

在现代管理体制中，"鲶鱼效应"必不可缺，因为"鲶鱼"本身未必有多大能量，但它可以给整个组织带来能量释放的连锁反应，从而使组织变得生机勃勃。

▶▶ 化繁为简的绝学——"剃刀"定律

"剃刀"定律，即奥卡姆剃刀定律，又称为"奥卡姆剃刀"。它来自一个真实的历史故事。

威廉奥卡姆（William of Occam，约1285年至1349年）是14世纪逻辑学家、圣方济各会修士，他出生在英格兰的萨里郡，他提出的奥卡姆剃刀定律激励了一代又一代人。他在《箴言书注》2卷15题说"切勿浪费较多东西去做用较少的东西同样可以做好的事情。"

公元14世纪的英国关于"共相"、"本质"之类的争吵无休无止，威廉对此感到十分厌倦。于是著书立说，宣传唯名论，只承认确实存在的东西，认为那些空洞无物的普遍性要领都是无用的累赘，应当被无情地"剃除"。他所主张的"思维经济原则"，概括起来就是"如无必要，勿增实体。"因为他是英国奥卡姆人，人们就把这句话称为"奥卡姆剃刀"。这把剃刀出鞘后，剃秃了几百年间争论不休的经院哲学和基督教神学，使科学、哲学从神学中分离出来，引发了欧洲的文艺复兴和宗教改革。同时，这把剃刀曾使很多人感到威胁，被认为是异端邪说，威廉本人也受到伤害。然而，刀的锋利并未受到损害，相反，还会越来越锋利，现在已经超越了原来狭窄的领域，而具有广泛的、丰富的、深刻的意义。

今天，这把阴冷闪光的剃刀指出了现代我们的企业管理中许多东西是有害无益的，向我们的企业管理发出了挑战，我们正在被这些自己制造的麻烦压垮。事实上，我们的组织正不断膨胀，制度越来越烦琐，文件越来越多，但效率却越来越低。既然这样，我们何不使用"奥卡姆剃刀"，采用简单管理，化繁为简呢。

由于复杂容易使人迷失，人们更易于理解和操作简单化后的事物，这就是为什么要将复杂变为简单。随着社会、经济的发展，时间和精力成为人们的稀缺资源，管理者的时间更加有限，许多终日忙忙碌碌的管理者却鲜有成效，究其原因正是缺乏简单管理的思维和能力，分不清"重要的事"与"紧迫的事"，结果成为低绩效或失败的管理者。从这个意义上讲，简化意味着真正地掌控了事务，简化之道才是真正的管理之道。

简单管理本身却不是简单的，对于处于转型和成长时期的中国企业来说，简单管理具有非凡的意义。奥卡姆剃刀定律也认为：把事情变复杂很简单，把事情变简单很复杂。一些人动辄以"无为而治"、"治大国若烹小鲜"来概括简单管理，但又有几人能若庖丁解牛般游刃有余？我们所知道的一流的企业家无不抱著异常谨慎的态度经营企业，如比尔·盖茨"微软离破产只有18个月"的论断、张瑞敏"战战兢兢、如履薄冰"的心态以及任正非一直所担忧的"华为的冬天"。可见，简单管理不仅是一种古老的管理思维，更是一种崭新管理理念，从中我们可以体会到深刻的内涵。

www.etrade.com是美国最大的证券网站，它曾运用了一次这把"剃刀"，并取得了成功。它推出了一次惊世骇俗的品牌推广活动："踢开你的经纪人"，实在的承诺，深中肯綮的直白，一出手便引起了巨大的共鸣，从而大赚其钱。无独有偶，美国网上杂货店Drugstore.com为了向消费者传达这样的信息：它可以为顾客献上宝贵的礼物——时间，曾推出一则很有意思的广告。广告中，身穿白色制服的"服务小队"成员像圣诞老人一样从壁炉中钻出，或像《谍中谍》里的汤姆·克鲁斯一样从天而降，为顾客及时递送日常用品。此类广告承诺到的就一定能做到，而且故事精彩，收到了空前好的效果，并且剃掉了一切无用的废话，突出了"时间"这个主题。

杰克·韦尔奇是美国通用电气公司的一位高层管理人员，他深得威廉的真传，用一把锐利的剃刀剃除了通用电气身上背负了很久的官僚习气，使通用能够轻装上阵，取得了巨大的成功。

在美国企业界，存在着这样一种传统认识：经理们的工作就是在举办高层会议时，低层和高层管理者之间互相发出便函，确信公司每处地方都一样正常运行。一句话，经理就是监督部下正常工作。但是在1981年出任通用电气公司总裁的杰克·韦尔奇鄙视这些做法，他认为采取这种方式的经理们是些官僚管理者，是历史遗老。杰克·韦尔奇对于这些陈旧的传统历来都是深恶痛绝的。

通用电气拥有众多的事业部门和成千上万的员工，是一家多元化的公司，杰克·韦尔奇一直在苦苦思索如何有效地管理这些员工，使他们产生工作热情，提高生产效率。他认为，过多的管理促成了懈怠、拖拉的官僚习气，会把一家好端端的公司毁掉。最后，他根据自己多年的工作经验得出一个行之有效的结论：管理越少，公司情况越好。

韦尔奇一接手通用电气，就认为这家公司的官僚作风很严重。控制和监督在管理工作中的比例太高了。他决定让主管们改变他们的管理风格。

"经理"一词已经在韦尔奇的字典里淘汰掉了，因为它意味着"控制而不是帮助，复杂化而不是简单化，其行为更像统治者而不是加速器"。"一些经理们"韦尔奇说，"把经营决策搞得毫无意义的复杂与琐碎。他们将管理等同于高深复杂，认为听起来比任何人都聪明就是管理。他们不懂得去激励人。我不喜欢'管理'所带有的特征——控制、抑制人们，使他们处于黑暗中，将他们的时间浪费在琐事和汇报上。紧盯住他们，你无法使人们产生自信。"

但是，"领导者"这个词十分受韦尔奇的钟爱。在他看来，领导应是那些可以清楚地告诉人们如何做得更好，并且能够描绘出远景构想来激发人们努力的那种人。管理者们互相交谈，互相留言。而领导者可以通过与员工的交谈，使员工们脑海中对工作前景充满美好的想象，这样员工们就可以在自己都认为不可能的地位层次上行事，然后领导者们只要给员工们让开道路就可以了。

韦尔奇在这些想法的指导下，开始向通用电气公司的官僚习气宣战了：简化管理部门；加强上下级沟通，变管理为激励、引导；要求公司所有的关键决策者了解所有同样关键的实际情况……在韦尔奇神奇剃刀的剃除下，通用连续20年都取得了辉煌的战绩。

在生活中，"奥卡姆剃刀"不只是放在天才身边的，只要我们善于发现，它是无处不在的，随时等待着人们把它拿起。只要我们勇敢地拿起"奥卡姆剃刀"，把复杂事情简单化，你就会发现人生其实好简单，成功其实离你也并不远，对于现代企业的管理来说，更是如此。如果我们勇敢地拿起剃刀剃除，才会更容易地走向成功。

▶▶ 10不如9大——机会成本

我们称用来衡量取得一个机会必然舍弃另一个机会的相当价值的成本为机会成本。

爱因斯坦是世界上著名的物理学家，相对论这一深奥的理论被他用时间的概念巧妙地解析了。相对论表明，如果一个人的运动速度接近于光速，对他来说，时间几乎就是停滞的。不过，由于光的速度非常快，我们普通人很难感觉到光速的存在。但是时间呢？时间应该是分明存在的吧，虽然时间同样看不见摸不着，但是，对于你追我赶的运动场上的人来说，追着的人和跑着的人都能明显地感觉到时间差异的存在。从表面上看，每个人的时间都是等长的，但事实并非如此，就像爱因斯坦说的"时间没有绝对的定义"一样。

不妨设想一下，你在短暂的5分钟内能干些什么呢？如果这5分钟是跟恋人在一起卿卿我我，5分钟，简直可以短到忽略不计的程度；但是，如果你把手放在滚烫的水里泡上5分钟，这5分钟该是何等难熬啊！由此可见，时间的一个重要特性就是相对性。

在我们的日常生活中，有忙碌的时候也有悠闲的时候。虽然我们每个人一天的时间都是24小时，但是，随着我们选择的不同，对时间的主观感觉却会产生较大的差异。选择到了好的机会，抓住了幸福的翅膀，这时就会觉得"光阴似箭"、"一寸光阴一寸金"，相反则有可能会"度日如年"、感觉"一日如三秋"。我们的选择决定时间的质量。虽然谁都想选择愉快的5分钟，但有时候由于我们的选择错误，我们度过了极其痛苦的5分钟。从时间的绝对性来看，在你过去的5分钟内，无论你快活还是痛苦，300秒不差秋毫，但在认识上的差异却是相当大的。

由于不同的选择，因而会对时间产生不同的感觉，时间的相对性问题可以用经济学中费用的有关概念来解析。从时间这一资源受限的现实性出发，万一你选择了将会令你痛苦的5分钟，那么，你就必须放弃可能会使你产生愉悦的5分钟的机会。由此，在这痛苦的5分钟里诞生的费用不仅要算上痛苦本身，而且还要加上你放弃了假若做其他的选择时可能获得的愉快的费用。选择做一件事，必然会放弃另外一件事，那个被放弃的机会所带来的可能收益在经济学上被称为"机会成本"。举一个简单的例子来说，星期五到了，你要为周六的活动做计划，你会想，是去爬山呢，还是去钓鱼？你衡量了一下，觉得去爬山更好玩，于是周六你去爬山了，结果由于不小心，你摔了一跤，脚疼了半个月，这时候你会想，当时如果我去钓鱼的话，可能会钓到不少鱼，可能因此会获得谁谁的赞美等，为自己周六选择去爬山后悔了老长时间。像这样，本来你有机会选择做B事并且可能从中获得"100"的愉快，但由于你没有选择做B事，反而选择了让你痛苦、倒尽大霉的A事，那么，因痛苦的选择引起的机会成本就是从快乐的B事中可能获得的"100"。随着选择的不同，获得的相对价值也不同，这一道理是可以用机会成本来说明的。

在时间上可以用机会成本解决问题，同样在有限资源上的选择问题上也可以用机会成本原理来解决。1996年，三星集团对旗下持续亏损已接近破产边缘的三星汽车业务进行结构调整，打算正式退出轿车领域，而在此前，三星投在汽车业务上的资本已经达数亿美元。现在试想一下，倘若三星将投入到汽车领域上昂贵的机会成本投入到其他事业部门的话，说不定也会像半导体一样取得辉煌的成绩。所以，在清算汽车业务的实际损失时，三星轿车不仅要计算轿车业务经营失败而损失的费用，还要计算机会成本。

不管投资活动是很大还是很小，都会存在着机会成本。假设现在有100万韩元，到底是存到银行去呢，还是去买股票呢？经过一番犹豫之后，最后决定存到银行去。结果，一年除了7万韩元的利息之外，再也没有额外的收益，但是在这一年里，股票价格暴涨，别人花100万韩元买的股票一年后就赚到了50万韩元。倘若在这里计算机会成本，这人选择银行存款，放弃了买股票的机会，损失了整整43万韩元的机会成本。在这种情况下，选择机会成本小的股票投资才是更明智的做法。当然，他投资股票的机会成本会随着股市的波动而变化。

企业在选择人才时，机会成本同样适用。倘若企业鉴于情面或压力而没有选拔出优秀的员工，其机会成本难以估量。不仅如此，商品的合同条件、交易对象、市场营销等所有的决策中必定伴随着机会成本。还有，如果高三学生填报了错误的志愿或由于一时糊涂而在学校做错了事情，这样，他们的一生都要承担着庞大的机会成本。

我们在做任何事情之前，都要仔细考虑一下机会成本，仔细权衡一下这种选择是否就是最好的对策。当做出了一个最好的选择时，其机会成本就最低。

比尔·盖茨是世界首富同时也是微软的总裁，假设他在走路的时候掉了600美元，这时候，他是弯腰捡钱还是应该就此走过去置之不理？比尔·盖茨创业已经有30年，目前积累的财产约为1120亿美元，倘若不计利息收益，将时间换算成金钱的话，那么，他的每秒钟就值121美元。假如你已经理解了机会成本，那么你肯定会劝比尔·盖茨直接走过去，因为他将弯腰捡钱的时间花在工作上的话，所获利润会更多。也就是说，如果他就此走过去机会成本会更小，正如前面所说的，这样的选择才是最佳选择。

把握好机会成本，才能在经营中获得更大的利润。

▶▶ 摆脱惯性思维——路径依赖

"路径依赖"是新制度经济学中的一个概念，其实，这就是一个惯性思维。

有人为了证明"路径依赖"的存在曾做过这样一个试验：他们将五只猴儿放在一个笼子中，并在笼子的中间吊上一串香蕉，只要有猴儿伸手拿香蕉就用高压水枪教训所有的猴儿，直到没有一个猴儿敢动手。后来用一只新猴儿替换出笼子内的一只猴儿。新来的猴儿不知这里的"规矩"，动手去拿香蕉，结果竟触怒了原来在笼子中的四个猴儿，于是四只猴儿代替人执行惩罚的任务，把新来的猴儿暴打一顿，直到它服从这里的规矩为止。最初经历过高压水枪惩戒的猴儿不断地被试验人员换出来，直至最后笼子中全是新猴儿，但是它们却都不敢去碰香蕉。

猴子天生就是爱吃香蕉的，可是在"不许拿香蕉"这一违背猴子天性的制度出现之后，居然也能成为猴子的第二天性！最初，猴儿们不让群体中的任何一只猴儿去拿香蕉是合理的，为的是免受"连坐"的惩罚，但后来一切物是人非，"人"和高压水枪都不再介入，新猴们却也固守着"不许拿香蕉"的制度。我们在可怜猴子的同时，也能看出路径依赖是多么可怕的一种惯性思维。

美女范萍是雷帝创始人之一，她是在17岁那年的夏天发现自己有经商潜质的。

1991年5月的一天，北方的气候非常干燥，还感受不到夏天的气息。那天，范萍家附近正在举办月季花节和一个汽车零配件展览会。范萍刚一出门，就有一个外地人拦住了她问："小姑娘，你知道这边哪儿能买到点吃的东西呀？"

范萍想了想，说："这附近还真没有饭店，连个商店也没有。"那个年代，还没有所谓会展经济的概念，展会的配套根本没有，周边有一个大的自由市场，可是要走20分钟的路程，左拐右拐的，一个外地人哪里能找得到啊。

范萍从中似乎看出了一些机会，她那时候还小，不懂得"商机"这个词，但是她想到拿水来卖，这样既能赚钱，还能帮他们解决实际困难。说干就干，范萍马上回家，运来了矿泉水，还订了很多天津包子来卖，生意好得不得了。一天下来就赚了一千多块钱。照理说她应该把钱好好收起来，可当时范萍竟然大胆决定：明天请假不上学了，把这全部的钱拿来继续"投资"，扩大生意！第二天，当别人也来卖水时，范萍通过前一个晚上的充分准备，不仅卖水还卖绿豆汤、大饼、油条、煮鸡蛋。一会儿工夫，范萍的东西全部被抢购一空。

整整四天，范萍打败所有纷纷过来跟风抢生意的人们，她根据人们的需求变着花样卖好吃的。就那样，风风火火忙忙碌碌的四天下来，范萍把挣到的钱都拿出来一数，吓了一跳："我挣了两万多块钱！"那个年代，范萍父亲一个月的工资才一百多块钱，而范萍四天就挣了父亲二十年的工资！

事后，记者问范萍："后来你是怎么用掉那两万多块钱的？"范萍笑着回答道："我不在乎钱是怎么用掉的，我只对赚钱感兴趣，只在乎钱是怎么赚到的。"

范萍在18岁的时候就踏入了美容业，她利用课余时间，从事化妆品促销。虽然，在奋斗的过程中她遇到了很大的挫折，但是不服输的个性让她埋头钻研专业知识，苦练基本功，不久就脱颖而出、一枝独秀，1993年曾创下月个人销售额46万元的业绩。

"我一直相信，人要有包容的心和感恩的心。有了包容的心，遇到任何困难和挫折，都会当做是对我精神和意志的磨炼，就像打游戏遇到一个又一个挑战一样；有了感恩的心，就会每天开心、乐观。我相信，人世间有永远不灭的激情与真诚！"范萍曾这样说过，同时这也是范萍的真实写照，她在生活的困难面前勇往直前战无不胜！

　　经过多年的努力，范萍2002年创办了雷帝化妆品公司。那时范萍从事美容行业已超过十年，几乎做遍了化妆品行业专业线、日化线所有销售管理岗位，积累了大量的经验。范萍看好男士护肤市场，因此雷帝公司从一诞生就坚决地要走一条专业男士护肤之路，不做女士产品，所有产品均是针对男性皮肤特点及市场反馈，为男人量身设计。范萍毫不犹豫地卖掉自己和父母仅有的两套住房，并拿出所有的积蓄，将其投入到新的事业之中。

　　众所周知，创业是艰难的，更何况那时候范萍的手里只有区区五十万，对于一个化妆品公司来说，这些钱光是买包装都不够。但是朋友的相助让她建起了雷帝公司，并研制出了十五个单品来。那时超前的理念还不被普通人认同，公司起步之初招不到经销商代理商，市场反应平平。甚至招商到的商家一度关门，自己的美容院也再度关门。她当时的感觉：压力比谁都大，心里充满了内疚。但是范萍凭着不怕困难和顽强的斗志，坚持下来了，最终她成功了。

　　2008年，雷帝向着渠道多元化的方向发展，但是同时专业线也不放弃，并且力求日化线有所突破。为避免冲突，专业线与日化线的产品在名称、价位、外包装等方面都会有所区别。范萍还向记者透露："依照目前的形势看企业上市将是必然的趋势，而且国外很多风险投资商都看好雷帝。"

　　如果我们想要取得成功，就必须懂得如何摆脱路径依赖，从而独辟蹊径。在现实的职场中，参与者都会想方设法地去猜测对方的策略，以用来打破平衡。所以，基本策略往往是：先维持一个平衡的局面，然后尽量在对方的行动中寻找规律，当捕捉到这种规律之后就利用它，打垮对手。这是一种以静制动的智慧。

▶▶ 职场中的"金饭碗"——不可替代性

以前的人们可能会说，职场中的"金饭碗"应该指那些效益好收入高的工作，比如银行高级管理岗位等。但是，有例子证明事实并非如此。

千龙网是国内一家著名的新闻网站，上面有一篇文章曾总结未来五年中国的十大"金饭碗"，其中包括理财规划师、人力资源师、企业高级策划和公关经理、公务员、职业规划师、律师等。的确，这些行业曾因收入高被很多人艳羡。不过，最近几年的一场金融风暴席卷全球，很多人的职场美梦被搅乱了，许多人眼里金光灿灿的"饭碗"也被打碎了。所谓的十大"金饭碗"行业中的不少从业者收入大幅缩水，有的甚至饭碗不保。

职场中其实就没有什么"金饭碗"。以前，由于政策扶持或市场导向的作用才产生所谓的"金饭碗"行业。曾经辉煌的行业，可能成为下一朵"明日黄花"。对于职场人士来说，真正的"金饭碗"不在别处，就在你自己的身上，就是你的个人技能和职业素养。"金饭碗"就是一种不可替代性的人力资源，是指一个人的核心竞争力。

让我们看看下面这个例子。

尼克松是美国前任总统，在他当总统期间，白宫经历了几次权力变动，但是基辛格始终在白宫占有一席之地。这并不是因为他是美国最优秀的外交官，也不是因为他与总统的关系有多密切，而是因为他涉足了政府机构许多领域的工作，是白宫不可或缺的一员，他的离开将导致极大的政府混乱，因此有着不可替代性。一种商品如果可替代性高，它的价值就不会高了，这是普通的经济学常识。人才作为一种特殊商品同样如此，要想在职业生涯中有所建树，要想成为单位的顶梁柱，需要的就是不断提升自己的职业水平，强化自己的不可替代性。如果想在职场中拥有"不败的金身"，必须拥有他人无法替代的能力和职业素养，那时，你的饭碗也才能称为"金饭碗"。

就像拥有了金刚钻，就不怕揽不到瓷器活一样，要练好"内功"，成为职场的"抢手货"，如此就可以从容应对职场变化。当面对瞬息万变、云谲波诡的职场动荡时，不能只是一味地抱怨自己的薪水不高，或单位"过河拆桥"的决策。

我们可以从吃饭这一个简单的问题上，联想到经济学上的替代效应。北方人喜欢吃面条，可是到了南方，面条竟贵到眼睛充血的地步，于是便改吃米饭。尽管你不喜欢吃米饭，但是米饭毕竟便宜呀。这就是经济学上的替代效应，即用米饭替代面条。面条和米饭都有的时候，两者可以相互替换，可是当只有面条而没有米饭的时候，即没有了替代品，这时，面条再贵我们也得吃。

一般来说，一种东西价值的大小取决于它的替代品的多少。古代文物和艺术品之所以价值连城，就是因为它们没有替代品。专业技术人员在单位里之所以备受器重，就是因为能够替代他们的人少，普通岗位的员工为什么薪酬低，就是因为能够替代的人很容易找到，你不愿意干，满大街上的人多的是。在唐朝，就是因为没有人能够替代杨贵妃，唐明皇才会深深地爱着她，假如出现了一个更加风情万种、更加倾城倾国的李贵妃的话，杨贵妃也就没有价值了。

深知替代效应奥妙的商家们，不断推出新的、独具特色产品，就是要让这个商品无可替代，因而立于不败之地。人无我有，人有我优，人优我特，将替代效应推向了极致。媒体热衷独家新闻，就是增强自己在大众中的不可替代性。当商家终于认识到构成现代企业竞争力最核心的因素是文化时，企业文化建设便成为企业工作的重中之重。因为产品别人可以替代，而文化是难以替代的，百年企业之所以不败，就是因为有着优秀的企业文化。同样的道理，如果想要增强在别人心目中的地位，只有具有独特的个性气质和人格魅力，才能在别人眼里占有不可替代的位置。

▶▶ 做生活决策的智者——"权衡取舍"原理

在我们的日常生活中，不得不面对"取"和"舍"这两个问题，不管我们做出什么决策都得知道有取必有舍，有舍必有取。但是，怎样才能在取舍之间实现利益最大化呢？这就是"权衡"的问题了。世界著名的经济学家曼昆从经济学角度对其加以分析，将"权衡"与"取舍"相结合，提出了十大经济学原理中的第一个："权衡取舍"原理。

《史记》第六十五卷《孙子吴起列传第五》中记载过一段话："今以君之下驷与彼上驷，取君上驷与彼中驷，取君中驷与彼下驷。"讲的是田忌赛马的故事。这段话所阐释的策略成为田忌赢得赛马的关键。从经济学角度讲，这正是一个人们对事物"权衡取舍"的过程，也是人们面临权衡取舍时所应采取的典型策略。虽然，"权衡取舍"原理本身并不能带给人们直接的收益，也不能告诉人们在面临选择时应该作出怎样的具体决定。但是人们如果想在面对抉择时表现得更加冷静、镇定，只要了解选择中"权衡取舍"分析的重要性，才能作出合适的决策从而获得最大收益，这是"权衡取舍"原理的主旨。

下面我们先来回顾一下田忌赛马的故事。

有一天，齐国的大将田忌与齐威王约定赛马。当时人们通常都是把马分为上、中、下三等，然后一一较量。可是，齐王每一个等级的马都比田忌的好，所以比赛了几次，田忌都输给了齐王。后来，一旁的孙膑给他出了个注意，即"今以君之下驷与彼上驷，取君上驷与彼中驷，取君中驷与彼下驷"。意思是说，田忌用自己的下等马对齐王的上等马，用上等马对齐王的中等马，用中等马对齐王的下等马，这样必定能够在三局中两次取胜。田忌按照孙膑这个策略进行赛马，取得了三局两胜，赢了齐王。

我们从中可以看出，决策人的权衡能力和取舍魄力往往决定着一件事情的输赢、得失。冷静地权衡事物的利弊得失，才能收获更多的利益。如果怕自己的下等马白白输给对手的上等马，而去用自己劣势的上等马与对方的上等马硬拼，那么虽然结果可能会保住一匹下等马，但是失去的将是整场比赛。由此可见，要想获得最后的胜利就要学会权衡；有权衡，则必定就会有取舍。只要我们在生活中保持冷静、清醒的头脑，这样面对抉择时，才能作出正确的权衡取舍，才能获得最理想的结果。

现代社会中，我们常见一些缺乏战略取舍的中小企业，为了眼前的现实利益，而采取了一些不顾未来收益或者是损害未来收益的措施，最终导致把握不好现在，也丧失了未来。一家资产过亿的中型生产企业，拥有世界一流的生产设备及高素质的研发人员，产品已进入了国际市场，当前一直供不应求。公司的战略思维及激励机制致使公司的营销人员开发了众多的客户，大到国内外的大型企业，小到小型民营企业。接收的产品订单参差不齐，大的上千万元，小的只有万元左右，因品种繁多，规格多样，造成多品种、小批量的产品生产状况，给计划和生产安排造成了非常大的困难，如产品不能按时交付、生产线转换成本增加、生产效率低下、内部协调难度增加等。从表面上看，虽然员工热火朝天地生产，看似生产任务饱满，但其实并没有转换成为公司的现实收益，由此导致延误大客户订单的交付，从而引发客户转而寻求其他的生产供应商。

如果一个企业的管理者不懂得价值判断，进行舍弃，而只是过于看重短期利益，这样，在该公司的意识里，只要有客户需求，能提供出产品，但却没有意识到这种蝇头小利给公司造成的无形损失是巨大的，某种程度上来讲甚至是致命的。过于重视眼前利益，不懂得如何取舍，小单子不舍得放，小利益不舍得弃，最终扰乱了正常的生产秩序，自己把自己绕进去不能自拔，因小失大，造成不可挽回的损失，虽然短时间内增加了销量，收入有所提高，但效率不高，失去了什么呢？失去了团队的和谐，失去了设备和人员的效率，最关键的是失去了自身的信誉，丧失了对自己生存和发展起决定意义的大客户。长期下来，在资金周转上，该企业必会面临着严峻的考验，而且由于拖欠员工工资，造成员工不满，公司内部和外部矛盾重重，管理者们也会产生疲倦的情绪。

可以说，企业管理者们都很理解这个权衡的道理，权衡取舍，价值判断，效率为先；但在现实的运作实践中，又有多少企业的管理者们，面对眼前的现实利益可以坦然处之，直言放弃呢！或许，即使他们有过思考、有过斗争，但最终眼前的短期利益还是蒙蔽了他们的双眼。

"权衡取舍"原理指出，资源（经济学中所指的资源内涵非常广泛，包括金钱、身体健康等）是有限的，人们的欲望是无限的，有限的资源总是无法满足无限的欲望。由此可以看出，只有懂得"权衡取舍"道理并能很好地做到的人，才是生活中的强者。

Chapter 3

借助他人的力量

——合作中的经济学诡计

过去，人们总习惯于"凡事自己来"，这是一个很错误的经济思维。事实上，两个人的力量相加，远小于合作所产生的力量，合作能够创造出你想象不到的价值来。但是怎么合作，人们又该如何分工呢？本章告诉你答案。

▶▶ 为什么团结力量大

《伊索寓言》里有这样一则故事：从前有一个老头有三个儿子，他们经常发生争吵，这个老人费了很大的劲，也无法让他的儿子们和和气气地生活在一起。于是，他想出了一个办法，可以让他们明白同胞之间的争吵是十分愚蠢的。

有一天，老头把三个儿子召集在一起，给他们每人一根筷子，说道："现在，你们折断手中的筷子。"儿子们虽不知老头的葫芦里卖的是什么药，但还是照办了。三人手中的筷子都轻易地被折断了。老头又拿了一把筷子交给老大，说道："请你将手中的筷子一齐折断。"老大用了很大的力气也没能成功。老头对老二说："你来试试看。"老二也无法做到。幺儿自诩年富力强，将二哥手中的筷子一把抢过，穷毕身之力去折那一把筷子，仍然毫不奏效。三人以疑惑的目光盯着父亲，只见老头颔首微笑："你们明白了吗，孩子们？"他接着说："当你们像筷子一样紧紧团结在一起，没有人是你们的对手，但如果你们四分五裂，你们就会像一根单只的筷子一样变得很虚弱，此时，谁都可以打败你们。"

小时候，只要老师讲到团结的重要性时必然会告诉大家这个故事，但是很多人只是听一下就放过了，又有多少人真正去体会一下其中的深意呢，其实你在生活中不正是这样吗。

"团结就是力量，这力量是钢，这力量是铁；比钢还硬，比铁还强。"这歌词清楚地写明了团结的力量。

在生活中，团结的力量是有着很重要的地位的。也许一个学生无法解决学习中遇到的难题，但是几个同学一起研究，再难的题目也能迎刃而解了，从这团结起来的力量就可以深刻感悟到事半功倍的效果。再如，大家一起劳动，锄一块地或扫一间教室，若是单独一人自己完成，那可是一个大工程，可要是全班同学一起来大扫除，可以在很短的时间内完成任务。可以说团结的力量是任何力量都无法相比的。

如果你是一名普通的上班族，公司领导给你一个很难搞定的设计任务，但是，如果此时大家一起帮你，共同出力就可以很容易地完成这个设计了。这个时候你会感激众人，会觉得团队的力量是多么的强大。你会知道自己一个人的力量是太小了，大家如果不团结的话什么事情都不好办。

社会的发展需要社会中每个人的团结努力，这样才能共同推进社会进步。没有人能主宰世界，我们只有团结起来才能发挥整体的功能，共同创造世界的辉煌。只有团结了所有成员力量的公司才能在市场中立于不败之地，大家一起开拓创新，与时俱进，这个公司在团结的力量中才会不断地发展、不断地壮大。

拔河是众所周知的一项娱乐活动，这是一项能让人的心与心连在一起，让人与人之间变得团结起来的运动！经历过拔河的人都知道，这不是个人项目而是一项集体运动。

拔河一旦开始，它不再仅仅是在拔河，而是将人们团结在一起的一种力量。它最大的好处不仅是让我们锻炼了身体，更重要的是它拉近了人与人之间的距离，让所有人的力量都在那一刻凝聚在一起，彼此之间再也不分你我，无论是场上的或是场外的，在这一刻都紧紧地靠在了一起。沉浸在其中的人们，仿佛紧紧地被那根绳子吸引住，在那股团结的力量下无论如何都不会放手。

那一刻能让你深深地体会到，与你并肩作战的队友们与你有着同一个梦想，有着同一个信念，大家都是为了共同的目标而努力着奋斗着。为了这个梦想，你要勇敢地同与你并肩作战的人团结在一起，凝聚在一起，那时候你会深刻体会到有一种爱就叫做团结是力量！那一刻，哪怕你用尽了全身的力气，你也会觉得你个人的力量是极其渺小的，只有依靠大家的力量才能战胜对方，才能实现最终的梦想！

下面让我们一起来看看一则关于蚂蚁的小故事。

有一天，一片临河的草丛突然起火，火舌像一条红色的项链顺着风游走着，眼看就要包围了草丛中央一个小小的丘陵。丘陵上无数的蚂蚁被逼得连连后退，它们似乎除了葬身火海已别无选择。但是就在这时，出乎意料的情形出现了，只见蚂蚁们迅速聚拢，抱成一团，滚作一个黑色的"蚁球"冲进火海。外层的蚂蚁被烈火烧得"噼啪"作响，然而"蚁球"并不妥协，反而越滚越快，终于穿过火海冲进了小河，因而大多数的蚂蚁逃生了。

团结就是力量，只有团结起来才能化险为夷、战胜困难，只有团结起来，这些蚂蚁才能绝处逢生。从这个故事中我们悟出了这个道理。

近十几年来，我国发生了不少的事情。比如，1998年的大洪水，接着又是闹得人心惶惶的非典，后来又是禽流感，去年的南方大雪灾，还有轰动世界的四川大地震，每一次都损失惨重。在大自然的面前，我们人类显得那么的渺小无力。

但是从这些灾难中，我们可以看出我们中华民族强大的凝聚力，每一次都是大家一起来面对这些令人恐怖的灾难。不管是哪里出现了灾难，全国的人民总是团结一心一起对抗，每个人都会尽自己的最大努力来帮助灾区的人民。

灾难发生的时候，上至国家主席下至平民百姓，全国上下都想着怎么去帮助受灾的人民。通常有人说我们中国人是三人成虫，可是我看不见得，通过这些事情，我们可以见到大家团结在一起的力量。虽然我们不能抗拒灾难的到来，但是只要有着我们中华民族这样一股团结的力量，就什么都不怕。

可以对比一下，清朝的时候，为什么我们国家不断地受到众多国家的侵犯，还不是当时的官员们腐败，与别人勾结，为了自己的小利而出卖国家和人民的利益。

大家都想在一个团结进取、积极向上的团队里工作，也想有一个和和睦睦的家庭，只要我们怀有一颗团结之心，这些梦想必可实现。

　　俗话说："人心齐，泰山移"，在我们的生活和工作中，团队的力量也一样非常强大，博弈的力量不能只靠自己，要靠大家的团结。

▶▶ 从《西游记》看合作的价值

　　大家都熟悉《西游记》中的唐僧和孙悟空。在去西天取经的路上，没有孙悟空，唐僧成不了取经大事，而没有唐僧，孙悟空也是有功夫没地使。

　　每个正常人都有两只手，但是从我们自己平时的处事上看，不少人都只有一只手在发挥作用。

　　从某种程度上说，孙猴子就是个独臂大侠，在他被唐僧解救出来之前更是如此。他神通广大，武艺超群，但不干正事，不仅不救苦救难，反而无事生非，甚至滥杀无辜：先灭门近邻混世魔王，又盗窃傲来国兵器库，接着公开抢劫东海龙王，最后居然大闹天宫。唐僧呢，也可以说是只有一只手，他无量慈悲，但是，他的同情心根本无法斩妖除魔，只能让妖怪看着他流口水。

　　西天的如来佛祖还是最厉害的，他不仅有无量慈悲，更有无量智慧和无量法力，孙悟空和唐三藏两人结伴去西天取经，这样他们就既有慈悲又有了战斗力，可以说是左右手都有了，最终取来了真经。《西游记》不仅是一部伟大的神话和童话故事，也是一部杰出的寓言故事和人生教科书。这故事是说，要成就任何一番伟大事业，你必须要有一颗头和两只手，一颗头是如来智慧，两只手分别是唐僧的菩萨心肠和孙行者的霹雳手段。如果单凭着唐僧的一只手是摘不到佛法正果的。同样的道理也可以应用到我们的生活中，只有一只手的人是得不到幸福和快乐的。

这就是说我们自己在做事的时候要有多方面的考虑，只有一个方面考虑的话，力量是不够的。这个道理在任何方面都是适用的。

曾经听见过一个故事，是关于在火车上一个父亲和孩子对峙的。

"下来！"父亲说道。

没有回答。

"下来！"父亲接着说。

仍然没有回答。

但是，这一声声的"下来"之声却把我从睡梦中慢慢唤醒。本来，在列车的硬卧车厢的床上就没有踏实的睡眠，任何一点扰乱、有规则的轨道轰鸣声的声响，都可能敲碎那只薄薄的梦之瓷盘。我在蒙眬中渐渐意识到我不是这个短祈使句的宾语，而是一个父亲在呼唤他的儿子。

"下来，吃饭了。"

还是没有回答。

"下来，再不下来，餐车要关门了。"

照旧没有回答。

这时，已经是上午9点来钟，再过1个多小时，火车就到达终点站北京车站了。我不知道那个可怜的父亲是从什么时候开始要求他的儿子下床的，反正从我醒来到列车进站，那个孩子一直赖在上铺没有下来，而他父亲单调的介于乞求与命令之间的"下来"之声不断在重复。我想起昨天夜里，男孩要上上铺睡觉，也许是因为胖，也许是因为懒，反正他横竖爬不上去，结果是他父亲抱他上去的。结果，孩子上床后说自己不会脱衣服，硬要父亲爬上来帮他脱。

这个孩子做的事说的话根本不像一个孩子对父母应持的态度，而同时，那个父亲也不像个真正父亲那样严格要求自己的孩子。

父亲的要求之所以被当做耳边风，或许是因为平常发号施令的是儿子，不是父亲；干活的是父亲，不是儿子，即使是像脱自己裤子那样的活儿。这次终于有了下达指令的机会，那指令显然没有任何约束力，在儿子心里甚至是可笑的。即使父亲要求孩子吃饭这个命令十分合理，孩子仍然当作耳边风，父亲不断重复命令的举动让人觉得可笑，而孩子不理不睬的态度更让人觉得可悲。

这位父亲像太阳那样照顾着孩子，但是却不会在适当的时候刮场北风。阳光虽然比北风更有威力，但太阳的威力不是全能的。如果换一个比赛项目，比如把脱衣比赛换成穿衣比赛，输家肯定是太阳。人世间有两种性质不同的威力，一种是让人爱戴的威力，也可以叫做正面威力；一种是让人畏惧的威力，可称为负面威力。心悦诚服是正面威力作用的结果，令行禁止是负面威力作用的结果。负面的威力可以让人们做他自己不想做的事情，不做他自己想做的事情；而正面的威力则是让人们做他自己想做的事情，不做他自己不想做的事情。

培养孩子有点类似园艺工人们的劳动，需要两只手一起动作：一只手施肥，一只手修剪。施肥是让孩子感到爱护，是正面的威力；修剪是让孩子感到畏惧，是负面的威力。树苗不施肥不能茁壮成长，果树不修剪只会疯长，不结果实。

俗话说得好："一个巴掌拍不响。"有些事情，只有一只手是没法完成的。不只是自己的想法问题，在生活中还有更重要的合作是自己与他人之间的，仅自己的这只手是不够的，你永远不能用自己的一只手来正常地拥抱别人。

虽然一只手要完成一件事情是很难的，但是两只手一起来共同完成就容易多了，合作就是力量。如果仅让你用一支筷子吃饭，它几乎连块肉都夹不起来，而用一双筷子，结果就会大大不同。可见，只有合作才能发挥个体不具有的力量，才能拥有大于个体的力量。正如当年诸葛亮指挥蜀军大败曹兵的战役，大多是以少胜多。因为合作才具有无穷的力量，诸葛亮清楚地知道这个道理。

合作是一种精神，它源于信任，且无处不在，更重要的是这种精神是难以估量的。这个时代呼唤许多精神，而合作精神将永远是推动时代前进的不竭动力。

举一个例子吧。两位辩护律师合伙办了一家法律事务所，年底时他们相互怀疑这种合伙关系并没有让彼此得到什么好处，毕竟，每一方都有能力做对方的工作。可是，如果一位辩护律师和一位公司律师合伙，通常每一个合伙人到了年底都会说："要是没有他，我真不知道该怎么办，跟他做合伙人真是一个明智的选择。"

正如某著名的将军在受到别人的赞赏时，回信说道：在赞赏我的时候不要忘记了赞赏我的副官和我身边的人，如果没有他们，就没有我今天这样的成就，我一个人是什么也办不了的。

也正如我们经常看见的明星致谢词，虽然有些话我们听着觉得很酸，但是的确如此，他们的成功并不是自己一只手创造的，无数的合作者给了他们另外的一只手，让他们可以参加各种活动，提升知名度。

"一支竹篙呀，难渡汪洋海，众人划桨哟，开动大帆船。一棵小树呀，弱不禁风雨，百里森林哟，并肩耐岁寒……"这段歌词深深道出了合作的重要性。

我们不仅要学会怎么去唱，更要学会它的哲学原理，善于借助他人的力量，把他人的力量变成自己的左膀右臂，完成你要进行的事业。

齐心的团队更有竞争力

荀子是战国时期有名的哲学家，他指出："人，力不如牛，走不若马。而牛马为用，何也？曰：人能群，彼不能群也。"我们前面讲到过蚂蚁抱团脱难的故事，看来小小的蚂蚁却有比牛马高明的地方，从某些方面来说，它们的智慧有时候超过人类。

有关生物学家研究发现：任何一个物种要生存和发展就得具备三个条件：第一、群居，形成团队；第二、团队中的部分成员富有创造力；第三、有良好的沟通机制、合作机制。

根据权威人士的研究，还发现了在团队中，存在这么一个有趣的现象：同事之间如果因摩擦产生内耗，团队的智商就远远小于个人智商的平均值；同事之间如果没有内耗，大家同心协力去奋斗，这时的团队智商就会远远大于个人智商的总和，这个团队也更容易完成任务，更容易成功。

团队精神的核心要素之一就是忠诚，团队的凝聚力是它的外在表现。一个缺乏忠诚，缺乏凝聚力的团队，好比一盘散沙，即使拥有一流的人才，也不能有效地形成战斗力。唯有团结一致，心往一处想，劲往一处使，才能无往而不胜。团队精神的特征是有强烈的归属感。团队精神的基础和灵魂就是团队成员的归属感，如果想要产生与团队休戚与共的真感情，就必须热爱团队、认同团队、归属团队，这样才能一起同甘共苦。

博弈论上有合作性博弈和对抗性博弈的区别，当合作性博弈的双方不能尽全力去合作的话，那对抗性的对方就会找到你的弱点各个击破。同样的道理，要想成为真正有实力的队伍就唯有齐心协力，共渡难关。

让我们看看下面这个寓言小故事吧。

两只狼饿了，于是出去找吃的，找了好久它们突然看见前面有一辆小车，里面装满了吃的东西。两只狼都喜出望外地要往回拉，这时候出现分歧了。

其中一只狼觉得走大道比较平坦，比较好走，于是拉起车就往大道上跑。但是另外一只狼却觉得走小道肯定会更快，于是也拉着车向另一边跑了起来。可是最后它们发现谁都没有办法拉动那个车子，而且还谁都不服谁。

其实不管它们谁是对的都可以到达目的地，要是两只狼一起往一个方向用力的话，它们在那儿磨蹭的时间说不定都到达狼窝了。

很多人看完这个故事都会嘲笑狼的无知，一笑了之。殊不知人有时也会这样的。一盘散沙的力量怎么也是抵不过拳头的。

两个人射大雁的故事想必大家在小学时候就读过。

两个人看见一只大雁飞过，于是两人决定要把大雁射下来吃了。一个人举起弓准备射，并且说道："射下来煮着吃很不错。"这时候另一个人听了很是不满意，道："当然炒大雁是最好吃啊，怎么能煮呢。"

于是两人开始大吵起来，等到两人最后达成协议，一半煮着吃，一半炒着吃的时候，大雁早就飞得无影无踪了。

很多时候，我们常常就是这样错过了好机会，也在浪费着自己的时间，只因为团队的不和，大家的心不能往一个地方想，还不愿意妥协，最终导致机会白白地溜走了，甚至让自己的对手抓住了良好的机会。

在一个集体里，团结是非常重要的，只有大家团结在一起齐心协力，才能完成不是一个人能够完成的事情。大家为了共同的目的，走到了一起，这为团结设定了先决条件，起码在最开始是这样的，但是随着维权情况的进展，中间会出现很多问题，在某些问题上，难免出现不同意见，有一些分歧，在这个时候，如果因为一时的意气用事或者一句的言语不和，而注重个人观点，不强调团结，就会造成我们的集体丧失凝聚力，进而也丧失齐心协力的一股劲儿，必将成为一盘散沙。

再看看下面这对夫妻的故事。

"夫妻同心，其利断金。"这是李女士一直坚信的一句话。她觉得自己在工作上取得的成就都是因为丈夫的鼓励和帮助。本来夫妻俩都在一个国企单位上班，没有什么发展前途。近几年，外企在她的家乡越来越火，好多同事都辞职去了外资企业工作。刘先生也劝自己的妻子——李女士应该抓住好时光跳槽，不要把自己的专业和青春都荒废在小厂里。后来，刘先生跳槽到一家外企，李女士的单位却渐渐衰败，这时她才猛然醒悟到，去外企的机会一去不复返了，于是，她也毅然辞职了。

离开工厂后她进了一家小公司，这家公司是专门做灯箱广告的。小公司的人员结构很简单，不久，她便熟悉了从招揽业务到最后制作成品的全部工作流程，直至成为公司的得力干将。然而，一年后，刘先生邀请她去他任职的公司应聘，那是一家4A级的跨国广告公司，很有发展潜力。李女士为了谋求更好的工作环境，同意了丈夫的说法，她果断地跳进这家跨国广告公司。

但是，李女士在这方面的工作资历尚浅，她在这家大公司内，只能担任公司低级电脑制作员。这期间刘先生以一个同事的身份给她许多帮助，每次她遇到不懂的问题去问他，他都认真地回答并指导李女士，她变得更加依恋他、欣赏他。当李女士适应了环境，并凭借以前的工作经验出色地完成任务后，她的表现引起了主管的注意，随即她被晋升到设计部工作。同时在互帮互助中，她和丈夫的感情也变得越来越好。

李女士和丈夫都一向坦坦荡荡，他们曾说过："我们在同一家公司工作，自然会有个别同事对我们的关系抱有异议，但我们始终互相帮助，不会退却、逃避。每次工作上遇到烦恼就商量着解决，工作起来自然非常轻松，老板又是个只看业绩不徇私情的人，我们俩工作优秀，老板也不在乎我们是'夫妻派'。"这年7月份，刘先生因为努力工作而升职加薪了，李女士也被提升为设计总监。

这对夫妻的齐心协力在事业上共同进退，同时夫妻之间的感情也越来越好，这种事情谁不想要呢。

可见，不管是我们事业上的合作伙伴还是家庭中的成员，都要形成合力才能让困难过去，让生活更加和谐，才能活得更美好。

▶▶ 分工能让效益最大化

不管我们做什么事情，想要成功必须合作，想要有力量也必须合作。简单地说，假如一个人的身体，要用眼睛去看，用耳朵去听，用脚去走路，用手去拿东西，用嘴巴去说话……虽然功能不一样，但它们只有合作一起运作，才是一个健全的人。

我们在合作之余，还要懂得怎么分工，只有分工后的合作才更有意义。分工才能分层负责，才能各司其职。一个团体中，主管要懂得授权，授权就是分工；部门要懂得团结，团结就能合作。分工与合作考验彼此的默契，就像"二人三脚"这个游戏一样，有足够的默契和一致的动作，才能有最好的效能。

我们的头口眼耳鼻都在各司其职，这就是分工；五指握拳成掌，就是合作。但是，五官要能互用无碍，拳掌要能舒蜷自如，才能成为一个个五官健全、身体正常的人。在军事作战上，也有所谓"分进合击"，经由不同的路线分别向目标包围，才能一举歼灭敌人。所以，当合作时要全力以赴的合作，当分工时也要做适当的分工。团体能够分工合作，才能更好地完成任务，我们的人际关系才能更和睦。

亚当·斯密提出了著名的分工理论：分工是提高劳动生产效率，促进经济增长的源泉。马克思也强调分工的极端重要性，并指出分工与协作能够产生一种集体力形式的生产力。

如果不分工或分工不当的话，大家很容易重复做事或造成一些事情的盲区，不利于效率的提高。当我们分工之后，每个人各司其职，各自做好自己的工作，一个都不能缺失，每个人都是整体的一部分。我们的身体也一样，无论是少了四肢还是少了五官都不能称为一个健全的人，这样也不便于我们的日常生活。

团队的分工合作也是这样，只要认真去承担分内的责任就可以了，如果有一个乱了分寸，那么整体就会出现问题，所以我们一定要重视分工的作用。

既然分工是这样的重要，我们与他人合作的时候就要做好自己的事情，当然我们也有权要求自己的伙伴做得很好。

在工作中，若遇到好的伙伴将是成功的一半，而遇到了糟糕的伙伴，有时候或许比没有伙伴还更糟糕。胜利拍档的价值等同于黄金的重量。不过，有时候，恐惧会阻止我们去寻找最佳拍档，形成达致胜利的伙伴关系。许多人担心他们必须跟别人分享利益、决策权，以及随着计划或生意而来的特权，害怕的态度当然不会允许我们去做这种事。只要克服这个恐惧，一对分工恰当的拍档会更有助于我们成功。

一般情况下，有几个重要的因素决定着一个拍档是否适合我们。如果合作伙伴中的成员基本上都做同样的事，那么，不可避免地，这个人将比另外一个更辛苦也更投入。通常，那个人会开始憎恨自己老拉着另一个人前进，同样地，被拉着走的那一方也会憎恨另一个人的催促，这当然不是最佳的拍档。

在一个团队中，每个伙伴最好可以提供不同的专业技术和贡献，这是比较理想的模式。一个擅长细节的计划，另一个擅长促销和公开演讲；或者一个擅长推销，另一个擅长内部机制的管理和质量监督。一对好的拍档就好比一桩天作之合的姻缘——必须小心挑选。如果我们想要创造出一对最佳拍档，就得有正确的技术、深厚的工作理论和广阔的视野。

下面是一个发现自己合作伙伴的选择不正确而导致创业失败的人的经验。

王强、王强的一个极好的朋友，以及朋友的朋友，他们三人合创了这家企业。朋友的朋友是主导人，而王强之前在决定辞职创业时只是与朋友的朋友通过几次电话，基本上是通过他的朋友做一个中间人联系。我们假定A为王强，B为他的朋友，C为朋友的朋友，现在我们来论述一下三人的特性和不协调之处。

　　A：27岁，HR集团负责产品的省区经理，主抓市场和销售，带领80人左右的团队。好思考，有较强的独立思维，但是性格比较内向，行动能力一般。

　　B：29岁，HR集团负责区域的区域经理，主抓客户，无带领团队经验。性格比较外向，好交流，行动能力强，但是不好思考，缺乏独立思维的能力。

　　C：30岁，KL集团负责产品的策划人员，主抓市场和产品策略，无带领团队经验。表达能力强，思维快，有创意，独立思维强，行动能力强，谈判能力强，但是性格比较偏激，易冲动、急躁。

　　最初是很偶然的原因B和C结识，C无资金，有预谋的影响B辞职创业，并拉来A，于是，一个创业的初始团队诞生。

　　由于每个人特性的不同，以及分工的不当，这个团队一开始就有几个无法融合的特点，造成了最后的分手。

　　1. C是主导，要求A和B坚决执行C定的方针。但是C的方针经常变化，根据C的说法是市场和供应商的变化致使我们也需要改变。但始终，C没有对变化的方针给出明确的解释，由于C的经验丰富，A和B没有提出异议，但A和B也一直未能完全理解变化的原因及含意。

　　2. C定的市场策略超过团队现有资源能力，导致股东需要不断投入并对外借债，但是一直入不敷出，账面现金流一直为红字。此时C还是坚定不移地坚持既定的市场投入政策，于是A和B继续投入，C却因为个人原因未能作大笔的持续投入。最初C的投入远远不及A和B，这样就导致A和B有满肚子的怨言。

　　3. A认为C不是一名合适的领导者，并且对C的一些政策不信任，而B当时是满腔热忱，不管三七二十一地顺从C。

4. 为了追求更多的外部投资，C自主决定引入多名新股东，对每人均擅自承诺股权平均，但对于新股东的入选，只考虑资金的投入，不考虑其个人的期望、意愿及能力，而很粗暴地抛弃那些未按期投入资金的股东，搞得这个团队内毫无诚信可言。

从上面这个失败的创业故事中我们能看出，他们满腔的热情付出并没有得到回报，是因为分错了工。应该根据每个人的性格、特点，进行合适的分工，这样才能让这个团队更加的团结，才能更容易创好业。

合作创业是现在很提倡的一种模式。自己的人脉、资金不足的时候，借用他人的智慧等来完成大家的事业，是很明智的。合作伙伴的选择是创业中一件重要的事情，没有好的伙伴什么事情都不行，可以说事情的成败也就在此一举了。

所以，我们在与他人合作的时候要注意，我们每个人各司其职，不仅要看你的伙伴是不是胜任自己的职责，还要看他是否有足够的责任心等。

合作与分工，二者缺一不可。

▶▶ 取长补短是聪明的做法

让我们一起来看看这个关于战国时期两个官员的故事。

甲父史和公石师都是越国人，而且两人各有所长。甲父史善于计谋，但处事很不果断；公石师处事果断，却缺少心计，常犯疏忽大意的错误。因为这两个人交情很好，所以他们经常取长补短，合谋共事。他们俩总是一条心，因而无论两个人一起合作去干什么，总是事半功倍。

但是后来，他们因为一些小事而发生了冲突，吵完架后就分了手。当他们各行其是的时候，都在自己的政务中屡遭败绩。

密须奋是他们的一个朋友，他看到他的两个好朋友变成这样感到十分痛心。他哭着规劝两人说："你们听说过海里的水母没有？它没有眼睛，靠虾来带路，而虾则分享着水母的食物。这二者互相依存、缺一不可。我们再看一看琐蛄吧！它是一种带有螺壳的共栖动物，寄生蟹把它的腹部当作巢穴。琐蛄饥饿了，靠螃蟹出去觅食。螃蟹带食物回来以后，琐蛄因吃到了食物而饱，螃蟹因有了巢穴而安。"

密须奋接着说道："相传遥远的北方有一种'比肩人'，他们肩并肩地长在一起。他们轮流着吃喝、交替着看东西，死一个则全死，同样是二者不可分离。现在你们两人与这种'比肩人'非常相似。你们和'比肩人'的区别仅仅在于，'比肩人'是通过形体，而你们是通过事业联系在一起的。现在，你们独自处世时连连失败，为何不一起来共创一番伟业呢？"

甲父史和公石师听了密须奋的一番话后顿时大悟，互相都原谅了对方，冰释前嫌了，对视着会意地说："要不是密须奋这番道理讲得好，我们还会单枪匹马受更多的挫折！"于是，两人言归于好，重新在一起合作共事。

在人类的世界里需要合作与分工，其实动物的世界里也不例外。

让我们看看这个例子：蟨鼠是一种前足短的动物，它善求食而不善行；而卭卭岠虚则是一种四足高动物，它善走路而不善求食。平时卭卭岠虚靠蟨鼠提供的甘草生活；一旦遭遇劫难，卭卭岠虚则背着蟨鼠逃跑。它们也是互相依赖的。

下面又是一个典型的反面例子：二头鸟是西域一种罕见的鸟种，这种鸟有两个头共长在一个身子上，但是彼此妒忌、互不相容。两个鸟头饥饿起来互相啄咬，其中的一个睡着了，另一个就往它嘴里塞毒草。如果睡梦中的鸟头咽下了毒草，不仅中毒的那只鸟头会死去，另一只鸟头也会一起死去。分裂让它们谁也得不到好处。

从上面的这些故事我们可以看出，不管是动物还是人类，单凭我们自己的能力是非常有限的。在争生存、求发展的斗争中，只有坚持团结合作、取长补短，才能赢得一个又一个胜利。

正面故事里的人或者生物都有自己的优点也有自己的缺点，他们善于用别人的优点来弥补自己的不足，从而可以解决很多难题。而反面故事里的依存关系本来很好，本来可以生活得更加美好，可是就是因为不知道合作而导致谁都得不到好处。这又是何必呢?

我们说要通过取长补短来共同进步，达到共赢的目的。两个人忠诚地合作也就是为自己的将来在创造机会。

再看下面这一则故事吧。

有人和上帝讨论天堂和地狱的问题。

"来吧! 我带你去地狱看看。"上帝对他说。

到达地狱后，上帝把他带进一间房间。一群人围着一大锅肉汤，但每个人看上去一脸饿相，瘦骨伶仃。他们 每个人都有一只可以够到锅里的汤勺，但汤勺的柄比他们的手臂还长，自己没法把汤送进嘴里。他们每个人都无可奈何，只能望"汤"兴叹，有肉汤也喝不到肚子里。

"来吧! 我再带你去看看天堂。"上帝接着对他说。

到达天堂后，上帝也把他领到一个房间。这里的一切和刚才那个房间没什么不同，一锅汤、一群人、一样的长柄汤勺，但大家却都很快乐地活着，并不为如何吃东西而发愁。

"为什么? "这个人不解地问，"天堂里的人却能喝到肉汤，为什么地狱里的人却喝不到?"

"其实，很简单，在天堂里的人，他们不仅只想着自己，他们都会喂别人。"上帝微笑着说。

勺子太长的话，要学会怎么才能让它送汤到嘴里。其实，喂别人的时候也是在喂自己，取别人的长勺弥补自己的不足，这样的人才配得上去天堂。自己的生活是自己创造的，这样的人才能活得更加幸福。

取长补短，共同发展是经济学中的一个重要原理。把大家的才能结合到一起，把理想和现实结合起来，才有可能成为一个成功之人。有时候，一个简单的道理，却足以给人意味深长的生命启示。

一个人只顾眼前的利益，只顾自身的利益，不懂得双赢和共同发展，那么他得到的终将是短暂的欢愉，甚至得不到任何的快乐。

每个手指都有自己的优缺点，它们的长短也不一样，它们各司其职，如果要做事的时候，不知道把所有的手指的长处都发挥出来的话，那是什么都做不好的。

接下来，我们再来看一则有关手指的小寓言。

一天，五根手指在一起闲着没事，就谁是最优秀的话题争吵起来。

大拇指第一个站出来发言了："我肯定是最棒的。首先，你们看，在咱们五个当中我是最粗壮的，无论赞美谁，夸奖谁，都把我竖起来，所以我是最棒的……"

这时，食指不服气地反驳道："要数最厉害的，非我莫属了，谁要是出现错误，谁有不对的地方，我都会把他指出来……"

中指拍拍胸脯骄傲地说："光看长度就可以看出来谁最厉害了，你们一个个矮的矮，小的小，哪一个像样的，其实我才是真正顶天立地的英雄……"

到无名指了，他更是不服气："你们都别说了，人们最信任的就属我了，你们看，当一对情侣喜结良缘的时候，把那颗代表着真爱的钻戒不都带在我的身上！"

别看小指矮矮矬矬的，他可是最有精神的，他欢快地说："你们都别说了，可别看我长得小，可是当每个人虔心拜佛、祈祷的时候，不都把我放在最前面么……"

虽然每个手指都说出了自己的重要性，但是，不管是哪根手指都不能单独去拿起扫帚来扫地。其实，每根手指都有自己的长处，也都有自己的短处，但是将他们组合在一起就是一双灵活的手了。只要能取人长、补己短，相互合作就是完美的！如果不懂得这个道理，那什么事情的进行都是一个独行侠，这样的人能够做好什么呢？

只要我们细心观察，就会发现在自然界中有很多生物都是以取长补短的方式生存的。阴阳相调的方式把世界补充得更加完美，夫妻之间性格相投是一个好的方式，但是研究表明如果大家性格相补，取长补短的方式其实更好，不但生活和谐，还可以完善个人的性格。

豆腐和鱼都是常见的食物，它们组合在一起就是一种完美的取长补短的食品。常吃豆腐可以保护肝脏、促进机体代谢、增加免疫力并且有解毒作用。豆腐中的蛋氨酸含量较少，而鱼类体内这种氨基酸含量非常丰富，相对苯丙氨酸却比较少，而豆腐中则含量较高。此外，豆腐和鱼合吃，还有另外一个优点，有利于吸收钙。豆腐含钙量较多，而鱼中富含维生素D，鱼骨头也有丰富的钙质，两者合吃，借助鱼体内维生素D的作用，也可使人体对钙的吸收率提高二十多倍。两者一起吃，双方的高营养价值都被提高了。

取长补短，让自己的缺点得到改善，优点得到发挥，这是做人最理想的方式了。每个人的性格等等只能尽可能地变得更好，却不能成为十全十美，只有通过别人的补充才能更好。

▶▶ 相互依赖，走向共好

"大家好才是真的好。"李玟的这句台词想必让人极受鼓舞吧，同时我也想到一句话，就是"覆巢之下，焉有完卵"。

曹操在汉献帝执政时，挟天子以令诸侯，并且独揽朝政大权。一次，曹操率领大军南征刘备、孙权，孔融（孔子后代）反对，劝曹操停止出兵。曹操不听，孔融便在背地里发了几句牢骚。御史大夫郗虑平时与孔融不睦，得知这个情况后，便加油添醋地向曹操报告，并挑拨道："孔融一向就瞧不起您。""祢衡对您无理谩骂，完全是孔融指使的。"曹操听后怒火冲天，当即下令将孔融全家一并处死。

家中里里外外的人在孔融被捕时，一个个害怕得不行，但是他的两个八九岁的孩子却没有一点惶恐的样子，还在那儿玩琢钉的游戏。家人以为孩子不懂事，大祸临头还不知道，便偷偷地叫他们赶快逃跑。孔融也对执行逮捕任务的使者恳求说："我希望只加罪于我本人，两个孩子能不能保全？"不料两个孩子中的一人竟不慌不忙地说："爸爸，你不要恳求了，他们不会放过我们的，覆巢之下，安有完卵？恳求有什么用。"结果，两个孩子和父亲一起被抓去处死，但他们在面对死神时从容不迫的精神不得不令人钦佩。

后人则用"覆巢之下，焉有完卵"来比喻整体遭殃，个体（或部分）亦不能保全。

的确是这样的，当一个团体中若有人遭殃了，那么这个团队遭难也在所难免。无人能独自成功，因而，拥有团队精神至关重要。当你的团队状况不好的时候怎么可能有好的个人发展呢？

下面再讲一则很让国人羞愧的故事。在第二次世界大战期间，我国一个商人很有钱，晚上他因为商谈生意没能回家去，当时实行宵禁，他的行为已经犯事了，回不去了，怎么办呢？

这时候他看见一个平常见到过的日本妓女，于是他假装找那个妓女，而当时值班的士兵以为是日本人就放他们过去了。

商人觉得这件事情让他很没有面子，可是当时也只能那样了。整个国家都不好的时候即使你有钱又会好么？不可能的。虽然那个女人是个妓女，但是她拥有一个能通行无阻的通行证，那就是她是日本人。

当时的中国和日本是什么样子想必大家都很了解，没有面子对中国人来说还是小事，没有尊严、挨打那时候就是中国的代名词，那时候的中国人在别人的眼里也不会有什么好的形象了。

当我们共同生活在一起的时候，遇到事情没有哪个人能够独善其身，只有共同解决事情，大家一起到达整体的美好才能是最好的。

　　整体与个体的关系是辩证统一的，整体的完整运作才能让个体的运作更顺畅，这是马克思主义哲学里的一个重要原理。

　　美国名将曾在田径赛场上叱咤风云，跑道上的田径精英几乎全是美国人。他们不但一再地破赛会甚至世界纪录，也赢得了其他大大小小的比赛。然而其他国家的赛跑选手——尤其是肯尼亚选手，逐渐迎头赶上，在一些最有分量的比赛中崭露头角，例如，在波士顿马拉松赛上，肯尼亚的男子选手就频传佳音。

　　没过多久，这场金牌之争就使美国选手发出了不平之鸣。尤其是在美国本土举行的比赛，有些比赛甚至刻意地针对美国选手设奖。不过有些选手研究了美国和肯尼亚选手的训练方式之后，发现其间有极大的差异。美国选手总是单独训练，并且为自己而比赛；而肯尼亚选手则是整队整组一起训练，一起赛跑，他们通常会选择一名选手做"配速员"，在比赛一开始就领导全队（包括最后获胜的选手）保持获胜的速度，一直到比赛终了。肯尼亚的选手目标是要有一名肯尼亚选手获胜，那么全队就赢了，他们心甘情愿轮流担任队友的配速员，也轮流做最后获胜的选手，他们的团队意识远远胜过美国队，因而取得最后的胜利也是理所当然的了。

　　世界上没有仅仅依靠自己就能成功的人，正如每一种生物都为整体的利益而发挥自己的作用一样，任何成功者都得站在别人的肩膀上。

　　我们都从最底层借助别人之手起家，我们都需要他们的帮助，当最后到达成功的彼岸时，这些人一定要心存感激。正是他们花费宝贵的时间鼓励、教导我们，为我们敞开机遇的大门。需要时，不辞辛劳地从底下把我们托起。当然，你必须有足够的勇气，伸出手并爬上他们的肩膀，尽管有时他们看起来摇摇晃晃；你必须同时接纳赞扬和批评，因为两者都是你成长的必要途径；还必须不断地与合适的人在合适的环境中磨炼自己，提高自己的技能；你可以从求教大师中，学到他们的成功与失败的经验，争取青出于蓝而胜于蓝，勇于向他们挑战，这样，他们也从你的观点中有所收获。

聪明人往往都会追求个人利益最大化，到最后他们还可能是一个成功者，但若一个团体全由聪明的人组成也是一个大问题。对于一大群人来说，如果A是最好的选择，但对于一个个人来说B是最好的选择，如果这个人在这个团体中拥有权利，显然地会选择是B，然而团体利益的损害最终也会影响到个人，之所谓倾覆之下，焉有完卵。所以，在一个团体中聪明人需要，但也需要"笨人"，脑子一根筋的人，以团体的目标为自己的目标，不惜牺牲个人利益。实际上，聪明人和笨人组成的团体是最优秀的团体，远远优于都是聪明人的团体，而全是笨人组成的团体，要好于聪明人组成的团体。

在我们的日常生活中，每个人都是生活在各种各样的团体之中的，团体利益与我们个人是息息相关的，我们个人所追求的小目标，有时对于团体未必有利。士兵如贪生怕死，为保全自己，就会损害国家利益，导致国家被侵略。

我们依赖于集体，而集体又是由一个个的个体组成的。没有集体，就无所谓个体；没有个体，就无法组成集体。集体和个体永远是互为依靠、相互依存的关系。维护集体利益，就是维护自己的利益；侵害集体利益，就是侵害自己的利益；玷污集体形象，就是玷污自己的形象！

Chapter 4

让企业高速转起来
——经营中的经济学诡计

对于任何企业管理者和经营者来说，如何让组织与团队高速运转起来，是一门科学。本章中所介绍的一些经营中的经济学诡计，将会大大提高组织运营的能力，充分调动每个员工的积极性，帮助组织越来越强大。

囚徒的博弈与生存逻辑

先来看下面这则寓言故事吧。

在原始森林里，一只狮子发现一只兔子，它追了大半天，最终还是没追上。其他动物嘲笑狮子，狮子无奈地说："我跑不赢它也很正常啊，我只不过是为了一顿晚餐在奔跑，兔子却是为了自己的生命在奔跑。"

在同样的一个原始森林里，一只狮子碰上一只兔子，就奋力向它扑去。兔子想最终难逃狮子的魔爪，便撒腿向草地跑。一个追，一个跑，眼看兔子就要被狮子抓住，狮子却放弃了追兔子。因为，在狮子面前是一群绵羊，此时，狮子当然不会再追兔子了。

还是在那个森林里，一只狮子遇上两只兔子，一只在前，一只在后，前面的善跑，后面的不善跑。后兔与前兔打招呼："你得挺住，多跑一会儿，把狮子拖累垮。等狮子再来追我时，我就能跑赢它了。"最终，两只兔子安然无恙，狮子徒劳无功。

还有一个在那个森林里发生的关于狮子和兔子的故事。一只吃饱了的狮子在闲逛时发现一只兔子。狮子想吃它，可胃撑得受不了，想放它，一则觉得便宜了它，二则有损森林之王的威严。聪明的兔子看出了狮子的心思，说："高贵的狮子，为了报答您，我决定给您回扣——发现绵羊一定通知您，而您，只需要假惺惺的追一追我，如何？"狮子想了想，认为这是个好办法。兔子可不敢毁约，明年它还得靠那只经常"吃饱"的狮子帮忙才能"生存"，事后兔子也的确拿了回扣给狮子。

有一天，四只兔子在森林里偶遇，它们总结出一个"生存法则"：首先，只靠自身力量绝对不行；其次，要发挥集体的力量；最后，充分利用物质对敌对友的"亲和作用"。

JINGJIXUE
DEGUIJI
经济学的诡计
058

这就是"兔子的生存逻辑"。类似的道理我们也可以将其应用到我们的生活与工作中去，这样才能更好地生存下去。

竞争在我们的生活中无处不在，商业社会更是如此。在竞争之下，企业难免会陷入囚徒困境的博弈，只不过，在这场博弈中，谁放弃谁将会失去主动，坚持到底才是占优的策略。

2007年底的一场有关国美和苏宁的一场并购之争想必大家都知道吧，博弈的一方——国美电器，成功地并购了大中电器，在并购战中彻底战胜了老对手苏宁电器。或许这次博弈能够给我们一些启发。

2007年12月20日，由国美集团副总裁牟贵先领衔的新大中管理团队亮相，正式宣告家电北京连锁市场"三足鼎立"时代的结束，进入全面"（国）美苏（宁）争霸"时代。

在2006年7月25日国美并购永乐时，苏宁与大中就开始接触了，因为被永乐"暗算"，张大中却转而结盟苏宁，表示希望在合适的时机"择优而合"。2007年4月11日，苏宁发布公告称："公司委托了第三方财务顾问与大中电器就行业发展、双方合并事项进行了沟通与交流"。及至11月底，苏宁30亿元收购大中的计划似乎逐渐明朗：苏宁接管了大中电器北京以外的门店，苏宁人员开始进入大中电器北京主要门店，并开始安装苏宁独有的销售终端POS机和监视器。北京分公司总经理已向员工传达收购后不会有裁员和降薪之举，此时，事情似乎已经完全确定了，苏宁收购大中只差书面上的协议了。一切显示，收购似乎指日可待。

然而，2007年12月11日始事情却起了变化。

12月11日，苏宁在北京召开"打响2007年收官五大战役"记者见面会。会上，苏宁华北区执行总裁范志军只是强调苏宁通州梨园3C+旗舰店将于12月15日开业，完全回避了有关苏宁收购大中的问题。

12月12日下午，已安装在大中电器门店的POS机和监视器被苏宁突然拆除卸走，苏宁人员也同时撤出。晚上9点，苏宁发布公告宣布退出大中并购。正当人们还没从苏宁为何放弃大中的疑问中缓过神来，第二天即12月13日，国美即发布公告参与并购大中。12月14日22时58分，国美在当天就划拨出36亿元人民币，并发布公告宣布借助第三方曲线收购大中。

事后，苏宁在公告中解释退出对大中的收购，是由于与大中"在核心条款上未达成共识"。所谓的核心条款就是收购价格。

据知情人士透露，在最终的谈判中，张大中放弃了最初的"希望能够成为买方的股东之一，继续利用自己的团队、品牌和经验让企业发展"的想法，而是真正做到"全身而退"。所以，张大中并不想要苏宁收购所采用的"现金加股票"的方式，而要求收购方必须给出现金。

但是，这次收购也不仅仅是价高者得的一次收购。由于苏宁已经与大中进行了近一年的接触，苏宁委托的第三方机构已经对大中内部情况进行了详细的摸底，双方虽然一直没有签订收购合同，但也基本上达成了口头的"君子协定"：在面对多方买家时，倘若第三方的出价高于苏宁2亿~3亿元之内，苏宁都具有优先购买权；但倘若第三方出价超出这个范围，大中自然也有选择新的买家的权力。

有人质疑，这也许正是苏宁缺乏并购经验的表现，而导致苏宁最终让国美抢了先机，他们与大中谈了一年多却没有签协议。对此，知情人士认为，正是由于苏宁与大中接触了一年多，对大中的家底有足够的了解，才会在价格上患得患失，甚至认为在收购价格上还有再商量的余地。

其实，这就是一场有关囚徒的博弈。

苏宁一直不急于出手的原因可能就是，他们认定大中是铁定要卖的，而时间拖得越久，价格可能会越低。虽然苏宁深知，收购大中将成为其进入北京这个重要市场，并具备与国美抗衡最难得的，也是唯一的机会。而且，大中在北京的门店布局与苏宁的重合度在15%左右，与国美的重合度在50%以上，因此，苏宁认为由自己收购大中会更有意义。另外，一向重情义的苏宁集团董事长张近东手中的另一张牌就是张大中的情感因素。张大中因为国美收购永乐而感到被永乐"欺骗"，再加上大中与国美在北京市场竞争了近20年，难免有些矛盾，这样，苏宁自然而然成为大中首要之选。

但是，苏宁的失败还因为他们低估了在资本市场中，国美的运作能力。试想，如果苏宁收购大中，其在北京市场的占有率将超过国美而稳坐第一的位置。"卧榻之侧岂容他人酣睡"，况且是在国美的大本营北京，以黄光裕的做事风格是绝对不能忍受的。据知情者透露，在最后关头，黄光裕显示出了志在必得的魄力：无论苏宁出价多少，国美都会加价20%。这个价格超出了苏宁的心理预期，同时也超过了苏宁、大中君子协定中2亿~3亿元的底线，有人甚至觉得这是大中利用这个砝码来要挟苏宁，于是，苏宁退出了。

更重要的是，国美与大中迅速签下协议并发布公告，没有再给苏宁任何反复的机会。即使苏宁有意反悔，也无力回天了。

苏宁电器总裁对于最后的放弃，表示道："作为一个上市公司，任何收购都是要为投资者负责的，苏宁不能为了与竞争对手的博弈而放弃这个原则。国美收购大中，对苏宁未尝不是一件好事。"

国美虽然多花了些钱，但大获全胜，巩固了在国内连锁业王者的地位，还在业界赚足了面子——国美出手，谁与争锋。国美电器新闻发言人何阳青认为，在目前已经饱和的连锁家电市场，兼并是一种最好的选择。将来，国美和大中的门店业态将为消费者提供不同的选择，如3C卖场、旗舰店等多种类型。

从企业的角度来看，若不是行业老大，必须学会寻找市场夹缝，不要生搬硬套各种运作模式。有了这种夹缝意识，经营者的眼光就常常落在别人不注意的地方，另辟蹊径，企业一旦瞄准了"缝隙"市场，就不会随大流，而专心生产市场上有需要且尚无人制造的商品；就不会"随风跑"，也不会"等着瞧"，要学会像前文中的兔子一样以变应变，使企业在市场竞争的舞台上主动出击。

在企业经营中，只有把握好了自己的生存逻辑，还怕挖不到重金吗？

▶▶ 激励理论的实际效应

  人力资源管理的一个重要内容就是激励。激励措施、政策可以有效地提高员工工作的积极性，从而提高企业的效率，从企业的角度来看，激励也是一种人力资源的开发。有效激励效果便是工作效率的提高。

  需要引起动机，动机决定行为，这就是"激励理论"的内容。员工的需要使员工产生了动机，行为是动机的表现和结果。也就是说，是否对员工产生了激励，取决于激励政策是否能满足员工的需要，所以，有了员工的需求才有了激励的政策。

  现代社会，全球化的市场竞争越来越激烈，激励员工对一个企业来说显得尤为重要。一是员工是企业最重要的资源，人力资源投入的程度和效果明显影响着企业的竞争力；二是如今最激烈的竞争是人才的竞争，人才争夺战愈演愈烈。而人才管理的关键是激励。美国哈佛大学詹姆斯教授对激励问题的专题研究结论是：如果没有激励，一个人的能力发挥不过20%～30%，实施激励后，其能力则可发挥到80%～90%。可见激励得当，一个人可顶四个人用。在良好的激励机制之中，管理者应能找准员工的真正需要，并将满足员工需要的措施与组织目标的实现有效地结合起来，在这样的激励机制作用下，组织可以不断发展壮大，不断成长。因此，如何建立良好有效的激励机制，不同的企业或同一企业在不同的发展时期，针对不同的员工、员工的不同人生和职业阶段性制订实施恰当的、适度的激励措施是管理成功的关键所在。如果说管理是门艺术，那么员工激励则是艺术中的艺术。在不同的阶段，我们的企业都应根据不同的企业文化、组织结构，针对不同类型的员工设计出人性化的激励机制，这样才可以在经济高速发展的今天，让企业立足于竞争的舞台上。

松下电器和八百半百货是日本的两家著名的大企业，他们却有着两种不同的命运。八百半公司发展鼎盛的时候，还是家族式的非理性化的管理。后来因为决策层的腐败，员工没有得到激励，以至于企业陷入危机，最终垮掉。而松下电器，自20世纪六、七十年代就强调尊重人，强调团队精神，强调建立学习型组织。现在倡导的所谓学习型组织这些概念，实际上跟松下电器这种公司的前期创新是分不开的。因此，松下电器成了一家百年老店式的世界型的跨国企业，并且很快就变成一家世界性的股份公司。

我们可以看出，一家企业的人力资源管理模式由这家企业决策层的领导风格和对员工人性的假设决定，而员工的心态又是由企业的人力资源管理模式决定的。员工的心态又决定了企业的命运，决定了企业是长盛还是衰败。如果采取的人力资源管理模式是以自我为中心的非理性的家族式管理，这种管理就会导致一种自闭的、自危的后果。如果员工是这种表现，企业最终将导致失败。反之，如果企业的主要领导认为员工是一个活的主体，是能够激发的，是有自尊的，是能够在为了自己利益的同时，也为公司利益、国家利益作出贡献的，这时候主要领导人建立的人力资源管理模式就是以人为中心的、理性化的团队管理模式。如果想让员工们的整体心理表现是开放的、愉悦的，就一定要强调团队精神，这样，员工们才具有创新精神，企业最终也会更繁荣。

由此可以看出，激励理论需要结合具体实际，从实际出发，才能发挥强大的效果。

▶ 有效鼓舞士气能提高效能

人人都需要鼓励，人人都渴望被鼓励。同时，你在渴求别人鼓励的同时，也要学会鼓励的艺术。留心别人的工作，只要找到一点点值得称赞之处，你就要鼓励和称赞别人。这样，你不但会得到最美满的收获，还能够使对方高兴。

当家长希望孩子好好学习时，与其用严肃的教训，严厉的责备，还不如用赞美鼓励。

"你的字写得真好啊！"

"你的作业真干净啊！"

"你的成绩又有进步了啊！"

这样说，比批评的话语强多了，还能让孩子开心，那么他一定会做得更好。

通过称赞来鼓励别人，能激励别人的自尊心，而他为了保持这份自尊心，就会更加的努力做得更好。这也就是要让他自己督促自己，比你去用命令督促他一定好得多。称赞之所以有这样的妙处，是因为当你称赞别人的时候，他觉得一切都是自己主动的，自己的继续努力也是主动的。

在企业里，如果有一天经理对下属说："公司对你最近的工作成果很满意，你安心努力做下去吧！"他会觉得这一句话比你给他加工资还要令人感到高兴。

许多人整天只是不断地板起面孔来督促别人、批评别人，永远不会称赞别人，以致他们一直给人一种死气沉沉、毫无生气的感觉。员工从来都听不到一句使他们高兴的话，只要做错了一点事情就挨骂，满肚子都是闷气。因此，这样的人际关系，他们在事业上也不会有长远的发展。

许多苦味的药丸为了能让病人更好地下咽，而在外面裹了一层糖衣。这样，人们吃到嘴里先感到可口的甜味，很容易地吞下肚去，然后药物进入胃肠发生作用，疾病就好了。同样，这个道理我们可以将它应用到规劝别人上，在劝别人之前可以先赞美别人一番，然后你再说要讲的规劝的话，这样就容易被接受了。

让我们来看看下面这个真实的小故事。

有一天，柯立芝总统对一位女打字员说："你今天这一套漂亮的衣服更能显出你的美丽！"那位女打字员突然听到总统对她的称赞，受宠若惊，脸红了。"如果你打的字和衣服一样漂亮会更好。"柯立芝总统又接下去说道。

这样的做法，是值得我们仿效的。因为他知道如果直接告诉女打字员，叫她对于标点要特别注意，她心里就会认为受到了总统的责备，会十分羞愧，她也许要好多天不愉快，她也许要为自己辩护，说她是很小心的，只是原稿上有错误或不清楚，所以她不能负担错误的全部责任。如果柯立芝总统不先称赞一番的话，他的规劝很可能是失败的。

在公司里，只有适当地激励员工，给他们一定的表扬，员工才会更努力地工作，员工因工作努力被肯定而继续保持其工作热情，这是有正面意义的。如果将激励演变成领导者一人满意，广大员工不满意那对企业来说就是得不偿失了。

身为领导必须要特别注意如何做到"施者大方、受者实惠"，这对管理好一个企业是很重要的。在平时，适时地给员工一个微笑、拍拍员工的肩膀……就是一种很好的激励员工的手段。并非任何的激励都要大张旗鼓、兴师动众的。但是千万不要见到任何员工都露齿微笑，他们会以为你是白痴；也千万不能不管男女都拍肩膀，这样可能被认为是性骚扰。

往往是出乎"受者"意料的激励是最有效的，汉高祖刘邦就深知这一招的好处。有人来自荐，先不去理他，或一边洗脚一边见他。等到把对方惹毛了，气跑了或破口大骂时，再找人把他追回来，出乎意料地封他个司马或大将军。不管是谁在失意之中，突然受到如此大的激励，能不为激励的人尽忠尽责么？

"受者"一般不敢奢望有效激励，但是，这一招在实务上用得很多。如甲一直想买一台除湿机，因为最近天气不好，雨下得很多，家里又有了小孩，除湿机便显得越发重要了。此时，领导者给甲一项任务，限定时间完成。完成后，除报请公司奖励外，领导者另附加一台除湿机作为奖品。甲在这样的安排之下，在这样的激励下，能不为公司全力以赴吗？

及时激励一般也是最有效性的。当员工做得很好，或需要加倍努力才能完成任务时，给予一些激励是必要的。领导者不能为了自己高兴而随便给员工激励，应该是员工需要激励的时候，才给予。组织、领导者和员工三方都能受益激励方式，才是一种最合理的经营模式。

▶▶ 用效率工资激发组织的能量

效率工资主要作用是吸引和留住优秀人才，指的是企业支付给员工比市场平均水平高得多的工资，促使员工努力工作的一种激励与薪酬制度。

咱们假设A公司是一家生产电信产品的公司。在创业初期，依靠一批志同道合的朋友，大家不怕苦不怕累，从早到晚拼命干。公司发展迅速，几年之后，员工由原来的十几人发展到几百人，业务收入由原来的每月十来万发展到每月上千万。但是，公司领导明显感觉到，虽然现在企业大了，人也多了，而大家的工作积极性却降低了。

A公司的老总特意到书店买了一些有关成功企业经营管理方面的书籍，就是为了解决这个问题。他在介绍松下幸之助的用人之道一书中看到这样一段话："经营的原则自然是希望能做到'高效率、高薪资'。效率提高了，公司才可能支付高薪资。但松下先生提倡'高薪资、高效率'时，却不把高效率摆在第一个努力的目标，而是借着提高薪资，来提高员工的工作意愿，然后再达到高效率。"他想，公司发展了，确实应该考虑提高员工的待遇，一方面是对老员工为公司辛勤工作的回报，另一方面是吸引高素质人才加盟公司的需要。为此，A公司对办公环境进行了重新装修，并且重新制订了薪酬标准，提高了员工的工资。

A公司果然因为高薪的效果，而很快聚集了一大批有才华有能力的人。所有的员工都很满意，大家热情高涨，工作十分卖力，公司的精神面貌也焕然一新。但是，好景不长，不到两个月，大家又恢复成懒散的状态了，这是怎么回事？

A公司出现的情况，可以反映出两个问题：一是高工资带来高效率；二是未能明确区分效率工资。

如果工资高于市场均衡水平，企业经营会更有效率，这是效率工资理论中一个重要的观点。因为在现代企业中，无一不是采取流水线式的一条龙生产。在一条流水线上，工人之间是高度依赖的，只要其中有一个工人疏忽、怠工，就会给生产效率、产品质量带来灾难性的影响，正所谓"100 − 1 = 0"。怎样使工人更加敬业呢？靠严格的监视吗？即使能够做到"全程"监督，由此带来的监视成本也会极其高昂。在这种情况下，提高工资不失为明智的选择。然而，如果效率工资要成为真正意义上的效率工资，真正做到降低单位总劳动成本，还被一系列因素的制约着。

1. 效率工资是一种礼物交换行为。在效率工资理论中，有一个基本假定：企业的效率工资是用来交换员工加倍工作的，而员工的加倍工作也是用来获取企业的高工资。效率工资起作用的基本条件是社会关系中的互惠原则。

2. 一旦发现偷懒行为立即严惩偷懒者，是企业理想的做法。在效率工资理论中，效率工资要起激励、约束作用，必须按照游戏规则惩罚偷懒者。这是保证效率工资起作用的重要前提。只有这样，员工才会努力工作。因此，效率工资能否奏效的一个重要因素是保证一律严惩违纪者。

3. 效率工资水平具有主观性。员工对企业的认同感如何，员工关系的亲密程度以及对外部失业情况和经济景气状况的判断，都影响效率工资水平以及效率工资的实际效用。从这个意义上说，影响效率工资的有效性有如下几个因素：企业是否拥有良好的信誉和名声；企业是否主动支付员工工资；尤其是企业在劳动关系上的名声，以及企业文化的建设水平。

可以说，高工资可以改善工人的纪律，更能推动企业的发展。从上面的例子可以看出，提高工资后，工人更加忠于公司、珍惜自己的工作，流动率和缺勤率都下降了，生产效率反而提高了。

但是，这种工资提高之后的平均水平并不高于市场平均水平，它只表现为在单位内部的提升。如果员工想跳槽，凭借他们的才能肯定能找到比该工资更高的企业。这里就说明A公司的老总，虽然从松下先生的企业管理中获得启示，但他单纯以为只要单位内部调高了工资，就能创造高效率，其实并不是这样，他没弄清楚效率工资和高工资的概念。

另外，奖罚分明是效率工资的前提，对待不好好干活或偷懒的员工应严惩不贷，这点在A公司的工资调整中并未体现出来。这会导致一些员工偷懒心理因素的滋长，而这对那些积极性很高的员工来说，有点不公平。

对A公司的管理者来说，到底开出多少效率工资才会对员工起到激励作用呢？这主要取决于以下一些因素：其他厂商支付的工资、失业率、工人怠工被抓住的概率等。其他厂商支付的工资更低，该厂商并不需要支付很高的工资就可以诱使工人努力工作。失业率对效率工资的影响也不可低估。在高失业率的社会条件下，工人一旦被解雇将很难找到相同的工作，所以厂商不必支付很高的工资，因为被解雇的成本增加随着失业率的变大而增加。

此外，如果工人怠工被发现的概率很低，管理者则需要支付很高的效率工资。

充分考虑以上种种因素，才能确定最适宜的效率工资。实际工资低于效率工资，则不能发挥激励作用；高于效率工资，则加大成本，增加企业负担，提高失业率，出现高工资和高失业率并存的现象。

只有确定合适的效率工资，才能在最大范围内节省成本，达到最好的效果。

▶▶ 做大做强的快速路——规模经济效应

企业做大做强的理论支持之一就是规模经济。

据统计，中国有一批企业已经成功跨越从1亿到10亿、10亿到100亿的台阶，目前正从100亿向1000亿突破。有专家预言，最近这几年，中国将诞生年销售额千亿级的公司。

在过去的几十年时间里，让我们看看中国企业是如何历经四次浪潮茁壮成长的。

改革开放的初期中国发生了第一轮经商的浪潮，那时很多人还不齿于经商，而胆子大的一批人则主动或者被动地下海了，他们大多做流通领域，从南方做到北方。

20世纪80年代中期，国家实施价格改革，也就是"双轨制"，造就了第二轮经商的浪潮，后来学术界把它称作"寻租"，就是利用价格差。

1992年发生了第三次经商浪潮，"有限责任公司暂行条例"和"股份公司暂行条例"颁布，意味着现代企业从此诞生。

第四次经商浪潮随着网络经济的兴起，爆发在20世纪末，当时，大批的海归回国创业。所以，现在中国很多企业尤其是民营企业充其量不过20年左右的历史，绝大部分只有不到十年的时间。

据有关人士分析，由于企业的发展绕不过事物成长的周期规律，因而中国冲击"千亿级"的力量还远远不够。不管你是早期靠胆量火到现在的，或是后来凭借特殊的资源一蹴而就的，还是在现代企业制度的框架上崛起的，抑或是在风险投资的帮助下由海归们创立起来的，都面临着一个现实问题：如何在残酷竞争的国际大环境里更好地生存、茁壮地成长，如何才能融入和谐的全球化市场竞争中并实现共赢？

因此，必须要采取规模化的道路。规模是什么？规模是"话语权"、"地位"和"眼球"。杰克·韦尔奇经常说，一定要做第一。也就是说，你要成为行业的领袖型企业。其实，企业生态就好比大自然一样，大自然里不会只存在一棵大树，在它的下面还有繁茂的灌木丛和杂草。

国际化是要面临的第二个重要的问题。过去以为，国际化是到海外办企业，而今天的国际化是什么样了？是人们跑到你的家门口，逼着你国际化了。世界大部分的跨国公司都到中国来了，所以企业未来想要在市场上立足，绝对要走国际化的道路，要跟国际标准接轨，要跟国际行为方式接轨，要和国际管理思维接轨，还要和国际技术、潮流接轨。

资本并购是企业做大的必要手段，国外很多公司都是通过并购完成将公司变大的。所以，中国企业要想做大，也必须学习并购这堂课，而且中国也逐步出现了这种情况。如联想并购IBMPC，马上就进入了世界500强，还有TCL、华为、中海油等案例，当然不是所有的都能做成千亿级企业。但如果有理想，并将其付诸行动，要成为领袖型企业，冲击千亿级只是时间的问题。

黄光裕是国美的总裁，他宣称国美在2008年，要变成1200亿的规模。实际上，不光是国美，联想、美的、长虹等无数百亿企业，都将1000亿作为未来10年的目标。中石油、中国电信、海尔等企业都是世界500强的企业，他们都是在资源和品牌上具有很大的优势的情况下实现这样的一个目标的。

资产规模、资产赢利能力在168家中央企业中位列"第一方阵"非国家开发投资公司莫属了。在国家统计局发布的2006年中国最大500家企业暨中国大企业竞争力500强排名中，国投公司排名第130位，较前年上升了9位。国家开发投资公司在中国经济的舞台上发挥着越来越大的影响和作用，它是国有投资控股公司的排头兵。

截至2006年底，中国铝业公司资产总额达到1526亿元。全年完成销售收入1055亿元，实现利税308亿元，其中利润225亿元，与3年前相比分别增加745亿元、236亿元和181亿元。

2006年5月15日，中国电子信息产业集团公司（CEC）重组南京地区电子企业行动终于尘埃落定，中国电子信息产业集团公司（CEC）、江苏省国信资产管理公司、南京市政府在南京共同宣布，南京中电熊猫信息产业有限公司挂牌，包括南京熊猫电子在内的7家南京电子企业纳入CEC旗下。CEC控股的上市公司总数在南京熊猫和华东科技2家上市公司后，已达13家，年销售额逼近千亿元大关。

云南公路开发投资公司身价千亿，已成为该省的最大企业。

东风公司也成为首家销售千亿的中部地区企业。

纵观这几十年来，赶超战略一直被我国家奉行着。为此，20世纪50年代，政府号召赶英超美，掀起了大跃进。70年代末也曾经出现过"洋跃进"。这种赶超心态让国人在看待外部世界时，时刻关注自己与世界各大国的力量消长，非常在意那些对于国家力量至关重要的指标上的排名，希望通过这种排名来确定中国在世界上的地位，从而让自己相信，国家已经达到现代化的某个水平。21世纪属于中国还是属于印度，这个话题成为世界人民讨论的重点。

整合能力、设计能力、持续的标杆学习能力这三种战略是造就千亿帝国的关键。

内在的视角，就是制度的视角、民意的视角，就是组织能力的视角，从战略上说就是要从组织的愿景来设计战略，而不是为了某种空洞的崇高理论和超越列强的动机来设计自己的战略，这种通过与竞争对手的"比"的战略，最多是得到一种心理上的安慰，而不是从根本上提高了组织的素质。组织素质真正意义上的提高需要通过能力战略的核心思维和能力战略的具体实践来获得。竞争战略是属于外向型的战略思考，而能力战略是属于内向型的战略思考，如何实现从前者向后者的转化是当今时代战略思想的一个深刻性的问题。

刚学会如何在自己的市场上竞争的一些中国大企业，如果要想实现在100亿向1000亿中间成功的跨越，则要在战略思维上做出更大的探索。

要想把公司做大做强就必须用到规模经济的理论支持，而如何发展规模经济，发展到一定程度，如何实现规模与效益的正比例增长，又是一个问题。需要企业从实际出发，调整战略目标。

Chapter 5

聪明人的赚钱游戏
——投资中的经济学诡计

投资学是经济学的一个重要分支，小到家庭理财，大到金融机构的运营，里面都离不开投资的学问。投资在很大程度上也和人的心理活动有关，所以，适当运用一些心理策略，会让你在投资中以小搏大。

投机者的游戏规则

有这样一则故事。

有一天，小张到文物市场淘货，有商人向他推销一个金黄色的钱币，商人说这是金币，要卖100块钱。小张一眼就看出来这是黄铜，最多只值1块钱。

于是，小张说道："我肯定不会花100块钱去买只值1块钱的东西，但是我愿意以5块钱买下来。"商人看他是识货的，不敢再捉弄人，最后以5块钱成交。

小张的朋友听说了这件事后，对他说："你真傻。明知道是1块钱的东西，你花5块钱买下来，那不是傻瓜吗？"

小张却说道："我是很傻，但是有人比我更傻，我花5块钱买来的东西很快就有更傻的人以10块钱买走。"

过了几天，果然这个"金币"被小张以20元的价格卖了出去，净赚15元。

我们暂先不管小张倒卖假商品这件事，可以从这个故事里清晰地看到，小张做了一次投机生意，赚到了钱。投机赚钱，这就是搏傻理论重要价值体现。

自从我国改革开放以来，买股票的人越来越多。买股票究竟是怎么赚的钱呢？其实，赚得就是最大笨蛋的钱，当你认为某只股票有增长潜力的时候，在合适的价格买入，等到它真正涨起来，再全盘卖出，其中的差价就是你的投机所得，这是很多人认为的买股票应遵循价值投资的方式。但是事实上并不是这么简单，股票有高潮和低潮，就如企业的发展一样，稳赚不赔的方法则是在低潮中买入，在高潮时卖出。

说到这儿，肯定会有人有这样的疑惑："很多的散户为什么在买股票的时候都赔钱呢？"首先，大部分散户在选股的时候，总是喜欢选择那些已经在上涨的股票，认为跟着买会比较安全，而不是选择那些处于低价位具有极大潜力的股票；其次，当股票上涨到一定空间的时候，很多人就"拿"不住，将其卖出，这样，肯定赚不到什么钱。想要在股票市场赚到钱，就必须和一般的商品买卖一样，低价买入，高价卖出。

国际著名的投资家和金融学教授吉姆·罗杰斯具有传奇般的投资经历。从他与金融大鳄索罗斯创立的令人闻之色变的量子基金到牛气十足的罗杰斯国际商品指数（RICI），从两次环球投资到被Jon Train's Money Masters of Our Time，Jack Schwager's Market Wizards等著名年鉴收录，他们创下的奇迹不得不令世人叹服。

华盛顿邮报公司是吉姆·罗杰斯持有最长时间的股票，当时他投资了0.11亿美元，现在已经赢利16.87亿美元，投资收益率达到128倍。而从华盛顿邮报公司的整个成长历程就可以看到一个优秀传媒公司的发展路径。华盛顿邮报公司在1933年因为无力支付新闻纸的费用而被拍卖，被收购后过了9年又同样开始赢利了。

吉姆·罗杰斯在1954年时又低价收购了时代先驱报，在1961年收购了新闻周刊，后来又购买了两家电视台，紧接着又收购了伯沃特、莫塞纸业公司。而此时华盛顿邮报通过购并从一家报社转变为一家名声大振的跨区域报业传媒集团。传媒产业取得市场垄断地位的经济特许权后会取得高额赢利的，吉姆·罗杰斯深信着这一点，公司拥有这种经济特许权后就会有广告定价权，因而传媒企业一直能成长。

华盛顿邮报公司在1971年6月底，发行了135.4万股B种股票。1972年其股价强劲攀升，从一月份的每股24.75美元攀升到12月份的每股38美元。1973年报业不断发展，但道琼斯指数持续下跌，因为美国股市崩溃，华盛顿邮报公司虽然当时收益率达到19%，增长趋势也很好，但股价下跌了50%。吉姆·罗杰斯抓住这次机遇大量买入。从该公司的资产分析，当时与其相同资产的价值为4亿美元，而当时他的总市值只有8000万美元。吉姆·罗杰斯以低于华盛顿邮报股票内在价值1/4的价格买入股票的，而之后的股价证实了他的判断是正确的，他又一次赚足了钱。

吉姆·罗杰斯其投资成功的秘诀在于，通过仔细调研，他掌握了股票市场的行情并选择了具有无限潜力的传媒行业，并成功把握住了该股票的低价时期，大量买入，长期持有，等待出现最好的时机将其卖出。这种最简单的投机方法，结合搏傻理论，是他成功的关键。

不仅在股票市场，各个领域都有依靠搏傻理论投机致富的例子。

姚奇伟是一个上海人，他收藏金银币已经有10余年了，收藏既是他的业余爱好也是他的一种投资手段。刚入收藏界时，他也跟风炒作，亏损很大，后来姚奇伟通过花钱买教训，渐渐地开始"搏傻"，从而获利颇丰。

金银币市场在1998年时，大大地缩水了。当时的98版熊猫金币受其连累销量极差，投资者都回避它。但是姚奇伟隐约觉察到以年销量为实际发行量的发行方式使其自然成为量少品种，在熊猫系列中产生瓶颈作用，果然一年后，98版熊猫金币开始升值。敏锐的逆向思维让姚奇伟瞄准了这匹黑马，攫取了人生中的第一桶金。

靠逆向思维去"搏傻"，也曾帮姚奇伟避免了一次又一次的损失。

2003年，由于大量的宣传和市场的热炒氛围，开光佛指舍利金币在半个月内价格就翻了两番。跟风炒作者很多，姚奇伟也购进了30万元的金币。但是很快他就察觉到该金币并没有沉淀，绝大多数都是炒作筹码，当中小投资者越来越多地跟进时，姚奇伟果断地全部平仓。不少同行都说他傻，十分不理解他的行为，但姚奇伟自嘲就是去"搏傻"，两个月后，果然不出他所料，开光佛指舍利金币价格大幅下跌。

金银币市况在去年上半年一直不太好，金银币陆续被不少投资者又大量抛售出去，但是姚奇伟却又开始逆向操作了。他全仓吃进不少金银币。因为他判断油价肯定会推动金价上涨，而距金价越近的金币上涨空间也越大，况且下半年礼品消费趋旺，焉有不升的道理。下半年，金银币的确上涨了不少，姚奇伟凭着这一操作手法，又再次获利了。

姚奇伟在总结自己的收藏经历时，感叹地说："这年头谁都不傻，敢于去搏傻的人才是真正的赢家！"

的确就是这样，聪明的投机者敢于去搏傻，也精于搏傻。搏傻不等同于"傻搏"，在经济社会，要做出正确的决策，就要抓住商品经济的变化趋势，还得有超越别人的眼光。

▶▶ 把握好投资的最佳时机

博傻理论在投机上的确有很大的作用，若将博傻理论应用得好，可以快速赚到好处，但是失去了理智的投机，就会带来问题和灾难，而且后果严重得多。

下面我们来看一个非常著名的历史事件。

人们很难想到竟然是由一种小小的植物，而引发了世界经济发展史上第一起重大投机狂潮。这一投机事件是荷兰由一个强盛的殖民帝国走向衰落而被载入史册的，它也是迄今为止证券交易中极为罕见的一例。"郁金香现象"这个经济学上特有的名词也是出自于此。

郁金香属于百合科，是一种草本植物。郁金香原产于小亚细亚，在当地极为普通。一般仅长出三四枚粉白色的广披针形叶子，根部长有鳞状球茎。每逢初春乍暖还寒时，郁金香就含苞待放，花开呈杯状，非常漂亮。郁金香品种很多，其中黑色花很少见，也最珍贵。郁金香容易受病毒的侵袭，是因为在它的花瓣上有着条纹或斑点。

可以说，荷兰在17世纪是培育投机者的温床。人们的赌博和投机欲望是如此的强烈，美丽迷人而又稀有的郁金香难免不成为他们猎取的对象，机敏的投机商开始大量囤积郁金香球茎以待价格上涨。在舆论鼓吹之下，人们对郁金香的倾慕之情愈来愈浓，最后对其表现出一种病态的倾慕与热忱，以致拥有和种植这种花卉逐渐成为享有极高声誉的象征。人们开始竞相效仿疯狂地抢购郁金香球茎。起初，球茎商人只是大量囤积以期价格上涨抛出，随着投机行为的发展，一大批投机者趁机大炒郁金香。一时间，郁金香令千万人为之疯狂，并且膨胀成为虚幻的价值符号。

一种叫做"花叶病"的非致命病毒可以在郁金香的培植过程中侵袭它。病毒使郁金香花瓣产生了一些色彩对比非常鲜明的彩色条或"火焰"，荷兰人极其珍视这些被称之为"稀奇古怪"的受感染的球茎。

"花叶病"也给人们带来了更疯狂的投机机会。不久，公众一致的鉴别标准就成为："一个球茎越古怪其价格就越高！"郁金香球茎的价格开始猛涨，价格越高，购买者越多。欧洲各国的投机商为了加入这一投机狂潮，纷纷拥进了荷兰。

以前看起来不值一钱的郁金香，在1636年竟然达到了与一辆马车、几匹马等值的地步，就连长在地里肉眼看不见的球茎都几经转手交易。

而一种叫Swizser的郁金香球茎价格在一个月时间里竟然上涨了485%，1637年郁金香涨幅高达5900%。

这次的投机狂热行为有着相同的规律，价格的上扬促使众多的投机者介入，长时间的居高不下又促使众多的投机者谨慎从事。此时，任何风吹草动都可能导致整个市场的崩溃。

但是，在一夜之间，无人再敢接手郁金香，它仿佛成了烫手山芋。郁金香球茎的价格宛如断崖上滑落的枯枝，一泻千里，暴跌不止。荷兰政府发出声明，认为郁金香球茎价格无理由下跌，让市民停止抛售，并试图以合同价格的10%来了结所有的合同，但这些努力毫无用处。一星期后，一根郁金香售价不过是一只普通洋葱的售价，它变得几乎一文不值了。

一夜之间，多少人成为不名分文的穷光蛋，富有的商人变成了乞丐，一些大贵族也陷入无法挽救的破产境地，千万人在为之悲泣。

任何人都无法控制客观经济规律的作用，就如暴涨一定必有暴跌一样。下跌狂潮刚过，市民们怨声载道，极力搜寻替罪羊，却极力回避全国上下群体无理智的投机这一事实。他们一时还接受不了这个事实，还在自欺欺人，把原因归结为那个倒霉的水手，或把原因归结为政府调控手段不力，甚至恳请政府将球茎的价格恢复到暴跌以前的水平。

接着，人们还向法院伸出了求援之手。恐慌之中，那些原已签订合同要以高价购买的商人全部拒绝履行承诺，只有法律才能督促他们依照合同办事。然而，法律除了能干预某些具体的经济行为外，它是绝不能凌驾于经济规律之上的。法官无可奈何地声称这次行为原则上不受法律保护，郁金香投机狂潮实为一次全国性的赌博活动。

人们最后的一丝希望也被打破了，人们彻底地绝望了。从前那些因一夜乍富喜极而泣之人，如今又在为乍然降临的一贫如洗仰天悲哭了。宛如一场噩梦，醒来之时，用手拼命掐自己的脸蛋才发觉现实就在梦中。荷兰人已经身心疲乏了，他们每天用呆滞的目光盯着手里郁金香球茎，仍旧不愿从梦里醒来。

荷兰繁荣的经济仿佛昙花一现，从此走向了衰落，世界投机狂潮的始作俑者也为自己的狂热付出了沉痛的代价。郁金香球茎大恐慌给荷兰造成了严重的影响，使之陷入了长期的经济大萧条。17世纪后半期，荷兰在欧洲的地位受到英国有力的挑战，欧洲繁荣的中心随即移向英吉利海峡彼岸。从此，荷兰从世界头号帝国的宝座上跌落下来，甚至一蹶不振了，而郁金香却依然还是郁金香。

"郁金香现象"成了经济活动，特别是股票市场上投机造成股价暴涨暴跌的代名词，永远载入世界经济发展史，提醒着人们铭记这段惨痛的历史。

现在，"郁金香现象"在现实生活中也频频出现。比如，有一个相貌不错的女孩，当只有一个男孩追她的时候，她会认真考虑这个男孩，但是当有几个男孩追她的时候，她会觉得自己的身价不错，觉得会有更好的男孩出现，当有很多男孩追她的时候，她甚至觉得自己是某个国家的小公主。于是，她就不愿做出选择，而一直等待所谓的更好的男孩。

很多男孩随着时间的推移都放弃了追求，虽然不断有新的男孩加入到追求者的行列，但是，女孩仍然还在等着更出色的男孩出现。

结果，就这样过了好几年，女孩的姿色已经无法和从前相比，岁数也大了不少，追求者越来越少，女孩开始着急，只能从为数不多的几个追求者里选择。最后，女孩发现自己找到的丈夫，远不如曾经追求过自己的人。

不管是谁都要永远记住"郁金香现象"，从中吸取教训，这样才有可能避免它在我们的身边发生。

▶▶ 适时退场的才是聪明人

皮埃与沙颂是路易斯安那州的两位农夫。

有一天，皮埃来到沙颂的农场，并赞美沙颂的马说："我一定要买下这匹马，它真的是漂亮极了。"

"真的很抱歉，皮埃，我不能卖它。我已经拥有这匹马很多年了，而且我很喜欢它。"沙颂拒绝道。

皮埃坚持要买："我愿意付出十块钱的代价买下它！"

沙颂说："好吧，我同意。"

于是，他们签下一纸合约并完成了交易。但是，大约一个星期之后，沙颂来到皮埃的农场对他说："皮埃，我一定要拿回我的马，我实在太想念它了。"

"我已经花了五块钱买了一部拖车，我不能这么做。"皮埃摇头道。

沙颂说："那我付二十块钱向你买下这匹马和拖车，我买定他们了。"

15块的投资在一个星期赚了5块，折合年收益率超过1700％！皮埃默默地盘算着，发现这是一件很值的事情，所以他同意了。

后来，他们俩用这匹马、拖车与其他的附属配件不断地进行交易。最后，他们终于没有足够的现金来交易。所以，他们便去找当地的银行。银行家首先查明他们的信用状况，以及这匹马的价格演变历史，于是放款给他们两个人，而马匹的价格在每轮的交易中也就不断地上涨。每当完成一次交易，皮埃与沙颂的现金流量就呈几何级数增加，而银行家也可以回收全部的放款与利息。

这种情况持续了数年以后，有一个哈佛大学的MBA商学硕士听说这匹神奇的马，来到路易斯安那州，以2700美元的价格向皮埃买下这匹马，而当时皮埃则是以1500美元的价格买下马匹的。

沙颂听到这个消息以后非常生气，"皮埃！你这个笨蛋！你怎么能以2700美元的价格卖掉马匹呢！我们的生活都靠着这匹马啊！"沙颂大声责怪皮埃。

下面让我们来理清一下皮埃与沙颂这么些年来的交易吧。

开始时皮埃和沙颂手头现金各100美元，马在沙颂的手中。

第一轮交易，皮埃的10美元到了沙颂的手中，马到了皮埃的手中。

皮埃有90美元和马，沙颂有110美元。

第二轮交易，沙颂的15美元到了皮埃的手中，马到了沙颂的手中。

皮埃有105美元，沙颂有95美元和马。

第三轮交易，皮埃的20美元到了沙颂的手中，马到了皮埃的手中。

皮埃有85美元和马，沙颂有115美元。

第四轮交易，沙颂的30美元到了皮埃的手中，马到了沙颂的手中。

皮埃有115美元，沙颂有85美元和马。

第五轮交易，皮埃的50美元到了沙颂的手中，马到了皮埃的手中。

皮埃有65美元和马，沙颂有135美元。

第六轮交易，沙颂的70美元到了皮埃的手中，马到了沙颂的手中。

皮埃有135美元，沙颂有65美元和马。

第七轮交易，皮埃的100美元到了沙颂的手中，马到了皮埃的手中。

皮埃有35美元和马，沙颂有165美元。

第八轮交易，沙颂的150美元到了皮埃的手中，马到了沙颂的手中。

皮埃有185美元，沙颂有15美元和马。

第九轮交易，马的价格涨到了200美元，皮埃的185美元不够了。

此时，两人开始寻求贷款，他们为了买马各贷款100美元，皮埃的现金增加为285美元。沙颂则增加为115美元。

第九轮交易，皮埃付出200美元买下马，沙颂拥有315美元，皮埃拥有85美元和马。

第十轮交易，沙颂付出250美元买下马，皮埃拥有335美元，并清还贷款和利息105美元，剩下230美元现金，而沙颂则拥有65美元和马。

……

于是，这个交易可以不断地进行到马死了为止。奇怪的是，当第十轮交易时，皮埃还掉银行的钱时，他拥有的钱是230美元，比他们两人当初的本金加在一起还要多，很明显是拥有了另一方的贷款。但是，如果这个交易继续进行下去，不仅银行不断可以从中获利，他们的钱就会越滚越多。同时，银行将向他们不断地放大贷款规模，他们也会成为银行的优质客户。

中国的股市情形也和这个故事大致相似。股票一路上涨正是由于大家的不断买卖，不管是股民还是机构都可以不断从中获益。通过各种渠道进入其中交易的货币不断增加，由于每次交易都能有优厚的回报，就刺激了越来越多的人愿意投钱进去炒股票，所以今天的中国股市随着股指快速上涨，成交量也迅速放大。前几年，基金的募集也像股票一样，在热火朝天地进行着陆。

如此下去会产生一种利于社会、利于人们的良性循环，因为随着参加交易的人不断获利，消费也大幅扩大，将刺激经济繁荣，而经济繁荣又反过来推高股市，从而股价一路上升。

但是，在高兴之余，不要忘记搏傻理论，它时刻在提醒我们中国股市还是有可能崩盘的，从牛市转入熊市，有人必然要担起其他赢家的损失，这样只会输得更惨，毕竟天下没有不散的筵席。上面故事里是由于有人最终高价买走了马，结束了这次交易，所以最终交易双方和银行都得到了赢利，但是如果马在交易中死了会怎么样，一切的交易会终止，最后拥有马的一方必然在交易中出现巨额的亏损，而亏损肯定是由银行来承担。股市中也一样，当股票价格不断在交易中被拉高，终究会有一天由于价格完全脱离价值，或者企业本身的问题而崩盘，即使没有以上问题，但货币供应是有限的，最后随着股价不断提高而难以为继的。如果到时候崩盘了，那时交易中的资金量已经越滚越大，一亏损首先是散户受到影响，这样引起的亏损是不可想象的。其次是股票型的基金，同股票一样的道理，吃亏的还是散户。

所以，我们要时刻小心自己成为最后的笨蛋，更是要三思过后再把钱放到股市或其他投资当中。在合适的时候及时刹车，让自己的投机得到一定的回报即可。不是每个人都能成为像罗杰斯、索罗斯一样的投机大师，懂得适时退场对我们来说才是最好的选择。

▶▶ 股票投资，不要盲目跟风

　　羊群平时在一起时只会盲目地左冲右撞，它们之间缺少一种组织性。但一旦有一只头羊动起来，其他的羊也会不假思索地一哄而上，全然不顾前面可能有狼或者不远处有更好的草。羊群的这种行为，是一种典型的搏傻心理。我们也可以由此类推，人们往往也会失去了理智和判断力，而对某一事物做出跟风的现象，此时，搏傻变成了"傻搏"。

　　很多人会对羊群的这种行为嗤之以鼻，认为人类不会做出这样的事情，因为人类的智慧远远高于这些动物。可事实是在日常生活中，搏傻理论应用在我们自己身上，却变成了盲目跟风。最常见的一个例子就是进行投资时，很多投资者就很难排除外界的干扰，往往人云亦云，别人投资什么，投资者就跟风而上；特别是在结伴消费时，自己的消费心理和行为很容易受同伴的消费行为影响。

　　现代社会普遍存在着随大流的这种习惯。人们总会这样想："你看人家都这样了咱也学人家吧。"这样的观点永远也发不了财。像投资基金，若是去年或上半年在大多数人不看好的前提下投入的话，现在可就一万变两万，两万变四万了。就拿前段时间热及一时的基金来说吧，大家都看基金赚钱，一股脑地都买入，每个人都想有回报自然是不可能的了。

　　这种情景是很常见的，因为人们现在越来越重视投资理财了。当几个人在一起聊天的时候，说到要拿出些钱进行投资的问题，于是有人说自己买了几只股票，收益还不错；但此言一出立即遭到多人反对——有人说风险太大，还有人说买基金有时也是亏钱的。

　　如果这时突然有人来了一句："听说黄金收益不错，一直在涨呢，还是买黄金吧。"这一说立即有人附和，"对啊对啊，我也听说黄金只涨不跌，通货膨胀率高的时候买黄金很划算的。"可黄金怎么买？最先提议的这个人沉默了。停了一会，有人说，"好像听说有实物黄金可以买，黄金期货也开出来了。"在这种情况下，大家也就会一窝蜂地跟着去买黄金了。

一些人在根本不懂期货为何物时，就要跃跃欲试购买黄金期货，殊不知已经有了巨大的风险。就黄金本身而言，1999年7月的最低期货价格每盎司是253美元，最近涨到了1003美元，也就是说实物黄金在近9年的时间里增长了近4倍，年收益率是17%左右。可是有谁能以最低价买入黄金，而将其以最高价卖出呢。

从经济学的角度来看，长期投资黄金并不能抵御通胀风险，因为它是一种无利息商品。只不过现在因为它涨得厉害了，人们喜欢讨论它的避险功能，而这恰是黄金当前最危险的地方。作为一种贵金属，黄金除了作为装饰和货币储备之外，它的实用功能很小，所以它的价格会相当不稳定。1980年，黄金在布雷顿森林体系（美元—黄金本位制）崩溃后一路狂飙升到每盎司850美元，但之后又一路下跌，直至1999年才回升，这次黄金市场的波动不知又把投资者们套住了多少年。

可见，在不了解投资内情的情况下，不要盲目地跟风，大家都"扎堆"而去的地方未必是好地方；找到适合自己的投资方式才是最好的选择。投资切忌一味地跟风。

"傻搏"这种现象普遍存在，但大多是发生在股市之中。股市的财富效应，让许多人觉得遍地是黄金，关键就是你的眼光和信息准不准。于是人们经常会推崇身边的投资高手以及盲目迷信各种来源的小道消息，许多散户还有着"宁可犯错，也不能错过"的共同心理。

其实，散户要想成功连续跑赢机构和大盘并不那么简单，因为他们获取的信息不对称并且处于市场的劣势端。很多在公开场合经常吹嘘自己的投资如何成功的人，往往挑选的是自己一部分成功投资的"亮点"在大家面前炫耀。有的人都有过一些成功投资的经历。但是，他们就很少向朋友和同事们透露自己失败的投资或是不成功的经历。

因此如果当你遇到这样的投资高手，切勿因为他们的只言片语就觉得别人总是赚钱比自己多，赚钱比自己快，影响了自己的正常心态。

投资者同时应该戒备现在民间流行的小道消息，不能盲目地相信它们。随着网络的普及，"消息"正以我们不曾觉察的速度影响着我们的投资决策。由于去年以来入市的多是一些没有实际操作经验的新股民，他们最喜欢的就是从各种网站的股票、基金论坛上捕风捉影，有的人甚至愿意花上不菲的价格购买"机密信息"。结果就使很多人陷入了炒股只炒"代码和简称"的误区，一不知道上市公司的主营业务，二不了解公司的财务状况，只是凭借一些似有似无的小道消息就敢掏出自己的数十万资金，犯错不怕，只担心错过，误了赚钱的好时机。投资者还是远而避之这种小道消息带来的博弈，应当小心谨慎。

现在，已经有越来越多的个人加入到证券投资行列中了，因为持续上涨行情引发的"财富效应"可以说是显而易见。相比老股民，新入市的投资者通常对证券投资缺少清晰、全面的了解，相关知识也比较匮乏，尚未树立正确的投资理念，容易盲目地、非理性地开展投资活动。

新入市者投资行为中普遍存在的两类现象，就是"听别人推荐"和"随大流"。很多新手尚未掌握基本投资知识就急于开始投资，并对周围一些获得较好收益的投资者、专业证券机构存在"崇拜心理"，导致他们在进行投资决策时都出现了仅听别人推荐就购买某只股票或追随大多数人购买同一只股票的情况。对自己的判断、决策能力缺乏自信的投资者往往会有这样的表现，只有努力学习并掌握相关证券投资知识，才能树立起自己对投资决策能力的自信和信心。

不管是什么投资行为都有一定的风险，但是，有风险才会有回报。投资者只有在了解自己、了解市场的基础上做出适合自己的投资决策，才是对自己负责任的表现。如果一味地听从他人意见并采取"随大流"的行为，投资的风险不仅会提高，而且会给自己的投资带来更多的损失。

下面是一个中国股票发行史上很典型的例子。

中国石油在2007年6月20日发布公告称：为了筹措资金进行境内油气资源勘探开发、大型炼化和天然气管道项目建设及海外油气资源收购计划，中石油决定在上海证券交易所发行40亿股A股。中石油表示，将于8月10日召开股东大会，以寻求通过上述A股发行方案，但未透露具体上市细节。据了解，中石油此次在内地的IPO将筹得高达58亿美元的资金。

中石油在香港的股价受此消息刺激猛涨至最高的12.08港元/股，收盘时仍然以11.74港元/股的价格居高不下，创造了新的股价记录，一共上涨了5.2%。中石油股价的持续上涨，使其市值提升至2690亿美元，一举成为仅次于埃克森公司（市值4840亿美元）的第二大石油巨头。

中石油的股票在上海证交所上市首日发行价为16.7元，而开盘当日的股价被炒到高达48.6元，几乎是发行价的3倍。每个人都想抢购到这支股票，但是很多人认为还会有更傻的笨蛋来购买中石油，于是很多散户在48元的高位上买进，很多人甚至是全仓买入。然而，随着中签机构和一部分散户的抛售，股价自开盘便开始下跌，并且在随后半年内，中石油的股价一路下滑，一度跌破发行价。以48元买进的投资者后悔当初做出的决定，看着股价一路下跌，痛心疾首，欲哭无泪。

只有克服自己的从众心理，不盲目跟风，才能成为一个成功的投资者。此外，搏傻理论提醒我们，不仅在投资时要克服从众心理，在日常消费中也要克服这样的缺点，让自己的理财能力体现在生活中的各个方面。

贪婪者必将自食其果

在投资方面，有人不仅盲目跟风，还很贪婪，这些人必将成为最后的笨蛋。在博弈中，他们为了获得利益的最大化，而期待着另一个最后笨蛋的出现，结果不小心自己成为那个笨蛋。人性中无法抹掉的一面就是对财富的贪婪，这一点也是让我们陷入危机的根源。

一个关于财富的神话，它告诉了人们如何对待财富，如何克服贪婪。

在米达斯国，国王想变得更有钱才能让自己快乐，于是和神商量让自己拥有神奇的力量。神答应了他，让他的手指头无论碰到什么东西，那东西立即就变成黄金。在拥有了"金手指"后，国王的快乐并没有持续多久。他痛苦地发现，自己既不能吃，也不能喝，美味在他嘴里变成了黄金，最糟糕的是他亲吻自己的女儿时，最爱的女儿也变成了黄金。国王这才意识到金钱并不能真正让自己快乐，于是向神忏悔，神也答应了他，让他恢复了平静幸福的生活。

从这个故事我们可以看出，如果过分地追求金钱就会失去自己原有的乐趣，索取要有一定的限度，特别是在金钱的追求上更要适可而止。

其实，理财并不困难，很多人却把它弄得乱糟糟的，很多人都不解这是为什么。如果我们想积累财富，要做的就是养成健康的储蓄习惯：手上握有一批互惠基金，外加有一点点时间。事实上，迈向成功的步伐并不沉重，所涉及的问题也不错综复杂。很多人栽跟头的一个主要原因就是贪婪。

贪婪是投资和理财过程中的大忌，一旦被贪念占据了上风，就很难把握住自己的投资方向和投资额，很容易成为投资浪潮中的牺牲品。

下面我们来看一个关于托普的例子，他就是因为贪婪而失败的典型案例。

托普做手机，一没有技术，二没有渠道。虽然投了好几亿，可是基本上5条生产线停了4条。TCL、夏新是在托普之后做手机的，但是他的业绩与他们相比还是差别极大。

托普在有关自己的牌照方面一直说得含含糊糊，曾说自己获得第12张GSM手机牌照，又说以入股1536万元的方式获得深圳国威的经营决策权，深圳国威更名为"深圳托普国威电子有限公司"，用是该公司的手机牌照。深圳国威是国内第一批获得手机牌照的企业，其"万达铃"手机除了1998年曾经推出过几款外，以后几乎没有生产。

甚至，托普还说中天华通给自己提供了手机技术的来源。中天华通是一家中韩合资企业，而韩方公司就是托普在韩国注册的一家子公司，中方就是托普本身，引进的手机技术是韩国人都没听说过的SEWON TELECOM和MAXON TELECOM两家公司的改进版本。

托普总裁宋如华向大家还提出了这样的设想：投入6亿元巨资，在成都与台湾地区四家IT企业、西南交大、中国联通以及当地政府签订投资合作协议，计划在成都建设年产100万部手机的生产基地，加上深圳国威的生产能力，托普手机年产量将达200万。但是，托普没有自己的手机销售网络，托普与摩托罗拉、诺基亚、科健、TCL等竞争对手相比，更是没有价格优势和质量优势，除了一款贴牌台湾地区的OKWAP的彩屏手机和自己的两三款之外，在市场上很难发现托普手机。

托普还将自己的手机战略解释为：我们公司打算进军终端接入市场，这要通过结合软件优势和资金优势以及利用系统开发经验来实现。手机是这个战略目标里三环中的一环，其余两环是掌上电脑和笔记本电脑。飞利浦、爱立信都大量卖掉手机生产厂，国内的名人、商务通等掌上电脑及厂家日子也过得十分艰难，托普自己愿意进入一个惨淡的产业，难道还能够起死回生？

托普却不这样认为，他一直给自己辩解，说将致力于移动数据增值服务和CDMA手机业务。托普曾经和联通协商联手开发CDMA手机数据增值服务，以及允许托普生产CDMA手机，但这个如意算盘现在看来落空了，市面上从来就没有出现过托普的CDMA手机。连一些知名手机制造商都打算从CDMA业务中抽离出来了，又何况托普呢。

托普总裁宋如华在2004年3月，将其所持有的托普科技发展公司1800万股股权（占该公司股权总数的19.05%）以1元的价格转让，这也向大家宣告了托普是因贪婪而失败的最典型案例。

巴菲特是著名的股神，他曾经说过这样一段话："恐惧和贪婪这两种传染病极强的灾难的偶然爆发会永远在投资界出现。这种流行病的发作时间难以预料，由于他们引起的市场精神错乱，无论是持续还是程度同样难以预料。因此，我们永远无法预测任何一种灾难的降临或离开。我们的目标应该是适当；我们只要在别人贪婪时恐惧，而在别人恐惧时贪婪。"

巴菲特曾因卖出中石油股票而赚到一笔大钱，但是当时别人很不解，为什么不再等它再涨涨再卖掉，巴菲特笑着解释道："一是因为如今其纯利（加上每年分红）已经高达10倍而获利了结；二是从国际视野看，中石油H股股票也并不便宜。"而巴菲特的投资策略之一就是不贪婪，懂得在牛市高潮中退出。

香港首富李嘉诚曾告诫过人们：有贪心的人是无法成功的，特别是当你生意更上一层楼的时候，绝不能贪得无厌。投资不能过于贪心，否则将有"1%的贪婪毁坏了99%的努力"。有一位老年朋友，退休后闲暇无事，总想着如何发大财，看到一些人买彩票中了大奖，他便跃跃欲试。如果是小打小闹，碰碰运气倒也罢了，而他却把全部积蓄拿出来每期必买，以为投入越多，中奖的概率就越大，有人劝他不要冒这样的风险，他哪听得进去，依然全身心地投入摸彩。每期开奖前他都忐忑不安，精神高度紧张，得知自己未中奖便陷入烦恼和焦虑之中。这样几年下来，20多万元的投资全部打了水漂，老婆孩子都埋怨他财迷转向，他的情绪坏到了极点，甚至连跳河上吊的念头都有了。其实，钱财都是身外之物，生不带来死不带去，只要生活没有大问题又何必太贪婪呢。这位老年朋友每月还有退休金，足够晚年生活了，想到这里，他的情绪才稳定下来。

从这位老同志的故事里我们可以看到一个教训：切忌不能"不知足"，同时不能贪财欲望过高。老子在《道德经》中曾云："不知足虽富亦贫。"孔子在《论语》中提出人的一生要有"三戒"，其第三戒是："既及老也，血气既衰，戒之在得。""得"就是贪得。

搏傻的大忌是贪婪，这点我们要时刻记住。在投资的时候，一定保持理智的头脑，不要觉得一个产品稳赚不赔，就全部投入，这样会让你承担的风险变得很大，已经超出了你能承担的能力。不能让一时的利益把我们的头脑冲昏了，心存贪婪之心，就会错过了最好的卖出时机。

Chapter 6

把人脉变成金矿

——社交中的经济学诡计

很多时候，我们不知道如何与人交往，不知道与什么样的人交往，更不清楚如何通过与人交往让自己受益。其实，人脉中蕴涵着丰富的财富，你需要做的只是擦亮双眼，多用一点心理策略，有选择性、有重点地交往，就能把人脉变金矿。

▸▸ 小投资换来大回报

　　有时候，别小瞧那些小投资，在不经意间，他们也会带来大回报。

　　社交可看做是对大脑认知的锻炼。因为在社交时，需要人与陌生的对象打交道。如你在聚会时和朋友交流，就要把注意力分配到每个人身上，大脑不断闪过他们的信息，例如姓名、职业、个性等。由于在整个活动中大脑在不停地认识一些事物，因而一直处于兴奋状态。

　　我们与人交往时总得把气氛活跃起来，于是就会从大脑"数据库"中抽取关于体育、娱乐、生活、时尚等热点话题，引发大家的兴趣。没准你不时地还想讲上一个段子，抖抖包袱。理解力、概括力和推断力都可以在即兴的语言交流中得到极大的锻炼。

　　职场小投资的智慧就在于通过社交中的一些小投资，会换来巨大的回报。

　　张爱玲就是一个社交小投资获取大回报的好例子。

　　虽然，张爱玲的出身很高贵，但她从小父母就离异了，一直缺少家庭的温暖，给她带来一生的伤害。即使如此，她并未随波逐流沉沦下去，她靠自己的力量迅速崛起。在当时，不仅需要智慧，更需要勇气才能在那个社会以一个女性的身份立足。

　　但是，她能认识到自己"生来就是写小说的"的这个长处，她知道自己有这方面的天赋。于是她以此为目标奋力走了下去，曾一路缤纷，一路精彩。

　　张爱玲还是个学生时，就在校报校刊"推销"自己，她的才华被充分展现出来了。渐渐地，她发现此阵地太小了，她开始了更大范围的"推销"，展示自己的才华，她不断地向社会知名的报纸杂志投稿，又是一炮打响。此时的她格外的清醒，格外的智慧，她知道了自己的价值所在。为了突破自己的小圈子，让自己的价值得到更大更好的体现，她需要见一个人——周瘦鹃。此人是当时上海杂志界的大腕。张爱玲这个初出茅庐的小女子居然见到了他。为了拜见他，张爱玲还"精心打扮了一番"，"特意制作了一套旗袍"，"像一个小学生"。虽然，这一次她的表现是"怯生生的"，但是，这意味着她从此走上了一个新台阶，这是她开始社交的关键一步，从此，她的稿约纷至沓来。

张爱玲在小有名气后，又得到胡适这位顶级人物的赏识，而且还成了"忘年交"。胡适提倡文学的"自然平实"风格，张爱玲遂写了一部《秧歌》作为响应，并将样书寄往当时居住在美国的胡适，请教指正。而胡适不仅认真地看了，而且还亲自回信提出了自己的见解。与胡适的交往是张爱玲在社交中迈出的又一重要之步，从此她也结识了不少大师级的人物。

凭借着自己的努力，张爱玲得到过很多知名人物的赏识。20世纪50年代，她欲离开上海前往美国，夏衍先生曾作过挽留，要求她留下搞编剧创作，只是张爱玲通过审时度势觉得不妥而作罢了。

有时候众人只是看到张爱玲不喜群居，懒得聊天，不屑争辩的一面，就认为她不善社交，大家并没有看到张爱玲在私底下为实现自己的理想，所做的不懈努力。和比她稍早些出名，同被称作"才女"的陆小曼相比，张爱玲的社交最起码要积极得多。

懂得社交的经济学博弈，才能在职场中纵横驰骋。每做一件事，每接触一个人之后，都要细想想，哪些把握好了分寸，哪些还有待改进。保持像海绵一样的心态，通过这种日积月累，能力就会在无形中提高。即使是再小的小投资，只要花费了心思就会带来可观的回报。

▶▶ 关键时刻为领导挽回面子

　　"面子"即是"情面"，每个人都有的。所谓领导者的"面子效应"，在这里主要指这样一种现象，即循正常途径无法办成的事，只要领导出面，对方往往会看领导的"面子"，从而大事化小，小事化了，使事情轻松地得到解决。社会学家告诉我们："面子"是个人在某一特定情境中的自我感觉和社会认同，而个人在社会环境下被认同的程度，主要取决于个人在社会关系网中的角色定位。社会角色的不同，决定了个人在社会关系中拥有"面子效应"的差异。因此，如果想要认识自身的社会角色、权衡"面子"给其带来的利与弊，就必须考察领导者的"面子效应"，这样才能在工作中如鱼得水。

　　一般来说，领导者很在乎下属的态度，特别地爱面子，以此检验自己是否受下属的尊重。在中国人看来，"栽了面子"是最让人难以容忍的一件事情，如果真的发生了让自己脸面上挂不住的事情，便会想尽一切办法，动员所有关系来挽回面子。为什么？就是怕别人瞧不起自己，所以不惜一切代价也要挽回自己的颜面！俗话说得好："人活一张脸，树活一张皮。"但有时候，太多的人因为面子而让自己苦不堪言，为了脸面而活。

　　如果想要在工作上有好的进展，一定要顾全到领导者的面子，下面几种情况下领导者最容易受到伤害，必须多加注意。

　　（1）领导出现失误或漏洞时，下属不能立即批评纠正，要用一种委婉的方法说出。

　　（2）员工们不能破坏领导至上的规矩。

　　（3）在外人面前不能与领导显得亲近或随便。

（4）领导理亏或有非分举动，要给他们一个台阶下。

（5）即使在非工作场合，也要把他当作领导，不能让他失了面子。

（6）不冲撞领导的喜好与忌讳。

（7）适当的藏匿锋芒，不让领导感到不如你。

从下面这个例子中，我们可以看出挽回领导面子的重要性及效果。

老王是某家公司的普通员工，当一批新人加入该公司后，老板决定开个会让大家相互认识一下。老板一个一个点名与大家握手，以表现老板的热情和亲和力。

"黄烨（hua）。"老板叫道，全场一片静寂，没有人应答。老板又叫了一遍。

一个员工怯生生地站起来说："我叫黄烨（ye），不叫黄烨（hua）。"

人群中发出一阵低低的笑声。老板的脸色有些不自然。

老王立即站起来说道："对不起经理，我把名单上的字打错了。"

老板看了看老王，尴尬地笑着说："太马虎了，下次注意啊。"接着往下进行了……

事后，老王说道："其实，名单根本不是我提供的，我只是出于同情心，照顾一下领导的面子，委屈一下自己，反正我经常受委屈，没想到的是，不久之后老板把我提升为公关部经理，而叫黄烨的那个员工则被解雇了。"没想到同一次经历，俩人不同的做法，也造成了两个人的不同境遇。

其实，我们还可以从中悟出这么一个道理：表面上看来，我是在拍马屁，老板也没什么水平。实则每个人都有自己的知识欠缺，犯错误出洋相难以避免，而如何巧妙地让别人从尴尬中走出来，却是很高超的学问，是一种机变的本领。

领导有了面子，自己的前途也就有了面子。

▶▶ 送礼送到点上

送礼这个现象存在于人类社会的各个时期、各个地区，是普遍存在的。一件理想的礼品对赠送者和接受者来说，都能表达出某种特殊的愿望，传递出某种特殊的信息。所以，送礼要送到点子上，这样才能恰当地表达你的意思。礼品是一个宣言，它既宣告了你与接受者的关系：普通的朋友、友善的亲戚、下属感激的老板或是一位热心的崇拜者。它也反映了你希望自己在别人心目中树立怎样的形象，是一位能赞赏别人的人、一位情趣高雅的人，抑或是一位知道如何用微笑来终止关系的人。更重要的是，它对接受者也是个宣言：他的忠诚得到了你的认可，他的坚忍精神值得赞扬，他的领导才能对本部门至关重要，他的健康令人牵挂，他使得做买卖成为一件乐事。简而言之，送礼给他人，会让他人知道自己的地位、重要性或者知道自己是被别人关心着的。

送礼给领导，要注意如下几点。

1. 礼物轻重要得当

一般来讲，礼物不能太轻也不能太重。如果礼物太轻，不仅没啥意义，又很容易让人误解为瞧不起他，尤其是对关系不算亲密的人，更是如此，而且如果礼太轻而想求别人办的事难度较大，成功的可能几乎为零。但是，礼物太贵重，又会使接受礼物的人有受贿之嫌，特别是对上级、同事更应注意。除了某些爱占便宜又胆子特大的人之外，一般人就很可能婉言谢绝，或即使收下，也会付钱，要不就日后必定设法还礼。若是这样，岂不是强迫人家消费吗？如果对方拒收，你钱已花出，留着无用，便会生出许多烦恼，就像平常人们常说的："花钱找罪受"，何苦呢。因此，礼物的选择要以对方的喜好程度不同以及是否能够接受为尺度，还要根据自己的经济状况，争取做到少花钱送好礼。

2. 送礼间隔适宜

什么时候送礼也很有讲究，经常地或隔很长的时间送礼都不合适。送礼者可能手头宽裕，或求助心切，便时常大包小包地送上门去，有人以为这样大方，一定可以博得别人的好感，细想起来，其实不然。因为你以这样的频率送礼目的性太强。另外，礼尚往来，人家还必须还情于你。一般来说，如果想让送礼显得不突兀，在重要节日、喜庆、寿诞时送礼最好，这样，受礼的人也不会觉得突兀。

3. 了解风俗禁忌

在送礼前要了解受礼人的身份、爱好、民族习惯，这样可以避免不必要的麻烦。有个人去医院看望病人，带去一袋苹果以示慰问，哪知引出了麻烦，正巧那位病人是上海人，上海人叫"苹果"跟"病故"二字发音相同。送去苹果岂不是咒人家病故，由于送礼人不了解情况，弄得不欢而散。鉴于此，送礼时，一定要考虑周全，以免节外生枝。例如，不要送钟，因为"钟"与"终"谐音，让人觉得不吉利；如果送了一幅蹩脚的书画，外行人也许觉得还好，但是对文化素养高的知识分子来说就是画蛇添足了。

下面给大家介绍几点送礼的绝招。

1. 借花献佛

如果想要给人送土特产品，可以说是老家来人捎来的，不妨尝尝试试。请他收下，一般来说受礼者那种因害怕你目的性太强的拒礼心态，可望缓和，会收下你的礼物。如：水蜜桃、嘉定竹刻、松江鲈鱼等。

2. 暗度陈仓

如果要送酒等一些贵重的东西，不妨说是别人送你两瓶酒，来和对方对饮共酌，这样喝一瓶送一瓶，礼送了，关系也近了，还不露痕迹，岂不妙哉。

3. 借马引路

如果想给一个不认识的、而又想有求于他的人送礼，不妨挑选在他的生诞婚日，邀上几位熟人同去送礼祝贺，那样受礼者便不好拒收了，当事后知道这个主意是你出的时，必然改变对你的看法，借助大家的力量达到送礼联谊的目的，实为上策。

4. 移花接木

有时送礼怕别人不接受，驳了自己的面子，不妨借助朋友的朋友这种关系来送礼。张先生有事要托刘先生去办，想送点礼物疏通一下，而张先生的太太与刘先生的女朋友很熟，张先生便用起了夫人外交，让夫人带着礼物去拜访，一举成功，礼也收了，事也办了。这样就两全其美了，有时迂回运动更见效果。

5. 先说是借

给别人送东西时还可以说："这东西在我家撂着也是撂着，不如您先拿去用，日后买了再还。"如果给别人送的是钱可以说："拿些先花，以后有了再还。"只要你不催着要他还，天长地久也变成了送了。这样，你不仅能够送到礼，还减少受礼者的心理负担。

6. 借鸡生蛋

来看一个同样道理的小故事吧：自从小王进了某家公司后一直受到上司的照顾，小王很想回报，但苦无机会。一天，他偶然发现上司红木镜框中镶的字画感觉是一幅拓片，跟家里雅致的陈设不太协调，正好，他的叔父是全国小有名气的书法家，手头还有他赠送的字画。小王把字画主动拿来，放到镜框里，上司看到后十分喜爱，小王自然也送成礼了。

7. 借路搭桥

在送礼时如果对方不要，可以说是以批发价或优惠价买下的，象征性的向受礼者收一些费用，收到的效果与送礼一般无二，受礼者因交了钱，收东西时心安理得，毫无顾虑。

送对了，礼轻情义重，效果事半功倍；送不到点子上，不仅起不到预想的效果，而且容易事倍功半。总之，送礼送到点子上才是最好的。

▶▶ 雪中送炭胜于锦上添花

　　大多数的人觉得雪中送炭比锦上添花更贴心，因为在困境里的一句话远胜于顺境中千百句蜜语甜言。

　　领导者再厉害，也有犯错的时候，即使不犯错的时候，也会有人与领导有不同的意见。这时，也许有些人会站在群众一边，同领导对着干，这可就糟透了，这样做无疑是掉进了晋升道路中难以自拔的陷阱。聪明的做法是，当领导与群众发生矛盾时，你应该大胆的站出来为领导作解释与协调工作，最终还是有益于群众利益的。但作为领导人，当最需要人支持的时候支持了他，也就自然视你为知己。实际上，领导与秘书的关系是十分微妙的，它既可以是领导与秘书的关系也可以是朋友关系。诚然，领导与部下身份不同，是有距离的，但身份不同的人，在心理上却不一定有隔阂。一旦你与领导的关系发展到知己这个层次，较之与同僚，你就获得了很大的心理优势。你也可能因此而得到领导特别关怀与支持，甚至，你们之间可以无话不谈。至此，你就要快晋升了！

　　方某是某公司部门经理，他由于办事不力，公司总经理指责并扣发了他的部门所有职员的奖金。这样一来，大家很有怨气，认为方经理办事失当，造成的责任却由大家来承担，所以一时间怨气冲天，方经理处境非常困难。

　　小张是方某的得力秘书，此时他站出来对大家说："其实方经理受到批评的时候为大家据理力争，要求总经理只处分他自己而不要扣大家的奖金。"

　　大家听到这些，气就消了一半儿。小张接着说："方经理从总经理那里回来时很难过，表示下月一定想办法补奖金，把大家的损失通过别的方法补回来。其实这次失误除方经理的责任外，我们大家也有责任。方经理的处境还请大家多多体谅，不如一起努力把工作做好。"

小张的调解，让大家又恢复了对工作的信心，获得了很大的成功。按说这并不是秘书职权之内的事，但小张的做法却使方经理如释重负，心情豁然开朗。接着方经理又推出了自己的方案，进一步激发了大家的热情，很快纠纷得到了圆满的解决。通过这件事，方经理对小张另眼相看，这样日后小张必会得到晋升。

在领导最需要的时刻，如果能及时勇敢地为他解除尴尬、窘迫的局面，等于是雪中送炭了，对以后自己工作的开展也有很大的作用。你会突然发现，原来比较一般的关系更加密切了；原来只是工作上的关系，而现在增加了感情上的色彩；原来对你的评价一般，而现在一下子发现了你更多的优点，你原来的缺点也似乎得到了"重新解释"。几个月后，你可能就晋升了。

在领导需要的时候，雪中送炭胜于锦上添花，对自己来说也是事半功倍的。

▶▶ 为对方着想，替自己打算

我们要学会借助对手来鞭策自己，可以多为对方着想，其实也是在替自己打算；有些时候，我们大可以化敌为友，毕竟生活中多一个朋友比多一个敌人要好得多。

曾经有一个牧场主养了许多羊，而他的邻居在院子里养了一群凶猛的猎狗。这些猎狗经常跳过栅栏，袭击牧场主的小羔羊。牧场主一直请求猎户把狗关好，但猎户只是口头上答应而已，他家的猎狗仍然每天会咬伤好几只小羊。

终于，牧场主忍无可忍了，他于是去镇上找法官评理。听了他的控诉，明理的法官说："我可以处罚那个猎户，也可以发布法令让他把狗锁起来。但这样一来你就失去了一个朋友，多了一个敌人。你是想和朋友做邻居还是想和敌人做邻居呢？"

牧场主毫不犹豫地说："当然是朋友啦。"

于是，法官给牧场主出了个主意："你可以按我说的去做，不但可以保证你的羊群不再受骚扰，还会为你赢得一个友好的邻居。"

回家后，牧场主就挑选了三只最可爱的小羔羊，送给猎户的三个儿子，这些都是法官教他做的。看到洁白温顺的小羊，孩子们如获至宝，每天放学都要在院子里和小羔羊玩耍嬉戏。因为怕猎狗伤害到儿子们的小羔羊，猎户做了个大铁笼，把狗结结实实的锁了起来。从此，猎狗再也无法骚扰牧场主的羊群了。

猎户为了答谢牧场主的好意，不管在山上打到什么，都会送点儿给他。牧场主也不时用羊奶酪回赠猎户，渐渐地两人成了好朋友。

人与人在复杂的社会中，难免会发生对立和冲突，而硬碰硬地去解决这些矛盾，只会落得个两败俱伤。其实，我们应该分清自己的对手，有的对手并非蓄意阻挡或刁难你，而是由于一些因缘际会和你产生了误会。

其实我们应该懂得要想在人生的道路上一往无前，就不能挡住别人的路。对于因为一些因缘际会或阴错阳差而竖起的敌人，我们应该调整自己的心态，看看能不能联手找到一条让双方共赢的道路。"化敌为友，合作共赢"已经成为商业界一种主流做法。

RealNetworks是美国一家著名的网络公司，他们曾经要求微软赔偿10亿美元，并指控微软违反反垄断法。但在官司还没有结束的情况下，RealNetworks公司的首席执行官格拉塞致电比尔·盖茨，希望得到微软的技术支持，以使自己的音乐文件能够在网络和便携设备上播放。但出人意料的是，比尔·盖茨并没有拒绝他，反而同意他们的做法，还表示，他将很有兴趣和对方整合软件。

在苹果电脑和微软两大公司之间也发生过对手成为朋友的故事。

20世纪80年代起，微软和苹果两大公司就一直处于敌对状态，两大总裁也在个人计算机这一新兴市场上展开了激烈的竞争。到了90年代中期，微软公司明显占据了领先优势，占领了约90％的市场份额，而苹果公司则举步维艰。但让所有人大跌眼镜的是，1997年，微软向苹果公司投资1.5亿美元，把苹果公司从倒闭的边缘拉了回来。自从2000年，微软为苹果推出Office2001之后，微软与苹果的合作伙伴关系就正式成立了。

世界首富比尔·盖茨能两次都变敌人为朋友，这绝对不是一个巧合。比尔·盖茨的成功，源于很多因素，包括他对商机的把握，他天才的设计能力，但其中还包括他对他的敌人所采取的态度，这些一起决定了他的成功。

人们常有这样一个共识：面对敌人，一定要不屈不挠，迎面而上，决不退缩。但明智的比尔·盖茨选择了另一种方式：站到敌人的身边去，把敌人变成自己的朋友。

我们再看看商业史上这样一件让人津津乐道的事。

美国"水晶杯"公司和"细瓷"公司生产的水晶玻璃高脚杯和细瓷餐具都是高档的名牌餐具，它们常被同时摆在西方国家许多家庭的餐桌上。过去，这两家公司因为是竞争对手，关系一直不好。可后来他们经过协商，决定联合推销。"水晶杯"公司利用细瓷餐具在日本市场的信誉，通过联合销售，将其产品打入日本等国；而"细瓷"公司则利用"水晶杯"50％的产品销在美国的优势，使细瓷餐具占领了美国家庭与饭店的餐桌。他们化敌为友后，两家的销售额均大幅提高，双方都相得益彰。

约翰·列侬与比尔·盖茨相比，则更有远见：在敌人还未成为敌人之前，快步上前，站到他的身边，把他变成自己的朋友。

约翰·列侬在1957年时，还一直默默无名。有一天，在一次小型演出中，他认识了15岁的保罗·麦卡特尼。演出结束后，保罗批评约翰唱得不对，吉他也弹得不好，约翰很不服气。于是保罗用左手弹了一段漂亮的吉他，向约翰展示了他的天才，而且他能记住所有的歌词，这让约翰大为惊讶。约翰想，与其让这小子成为自己将来的敌人，还不如现在就邀他入团。这时，约翰和保罗这对20世纪最成功的音乐搭档就此诞生了，他们携手合作组建了"披头士"乐队，从此，他们成为历史上影响最为深远的乐队，风靡了全球。

为对方着想，就是替自己打算。在商界尤其如此，为对方着想可以给自己增添一笔巨大的财富。

▶▶ 变关系为发展的资本

我们想要在这个世界上更好地生存，不得不与各种各样的人打交道，人与人之间存在着各种各样的关系。这些关系就是我们经营的一种资本。

传统销售和人脉销售是销售领域里的两种流派，《世界企业家》里面记载，传统销售是过去的销售模式，现在已过时了。改变销售观念，改传统销售模式为人脉销售模式，这样才能出奇制胜。其实，说白了人脉销售就是感情销售、关系销售。

美国人有句名言："与人相处的能力，如果能像糖和咖啡一样可以买得到的话，我会为这种能力多付一些钱。"他们还会说："二十岁靠体力赚钱，三十岁靠脑力赚钱，四十岁以后则靠交情赚钱。"

这句话的意思显而易见，朋友多则赚钱的机会多。如何培养朋友关系呢？完整的人际关系包含三阶段：发掘人脉、经营交情、出现贵人。

过去所谓的"拉关系"那么粗俗简单的方法，在现代社会已经不再适用，现在的培养朋友关系需要用心经营。寻找人脉主动出击，找到想认识的人就想尽办法去结识，结识后当自己的好朋友慷慨对待。

有人常说酒肉朋友之间没有真心，但是我们也不能忽视这一点。发展人脉的出发点就是先"跑量"，再从中精选可重点发展的对象，而走好第一步，慷慨对人，让人感受你的大气是必须的。

"他人有心，予忖度之。"这句话一语就说中了如何让朋友欣赏你的法门。人类本质中最殷切的需求是渴望被肯定。当然，我们不是提倡言不由衷乱敷衍朋友，而是要学会"放低姿态放软身段"，学会仔细倾听别人的话，更学习"忖度他人之心"，理解朋友这样说的原因和立场，尽量体谅他们。如果时时刻刻能做到这样，不仅能让朋友感到被尊重和得到理解，还能学习朋友们的优点。

也许你出身条件不好，没有富爸爸，也没有可助你成功的终身伴侣，但懂得人情学，一样可以得贵人襄助，获得多方助力。

高阳是我国著名的小说家，他所著的《红顶商人》中的主人公胡雪岩高超的交际手腕让读者大为叹服。对胡雪岩有深入研究的学者曾仕强分析，胡雪岩的过人之处是"对事情看得透，眼光够远，从不会轻忽小人物"。读过《红顶商人》一书的都知道，王有龄是浙江的巡抚，他可以说是胡雪岩生命中的贵人，因为胡雪岩也曾全力相助过曾是一介穷书生的王有龄，这就是在投资一笔交情生意。

每个人一生都不会少于两三百个朋友，但是，最核心的一般也只有五十位。一般人看似朋友不少，但称得上有交情的却乏善可陈，像是在应酬场合活跃的人士，看起来人脉丰沛，但是，最后愿意为他两肋插刀、雪中送炭的都不是这些看来热络的朋友，却只是点头之交的人，他可能是你忽略、却真正重视和你的交情的朋友。

只要是我们的朋友，不管是谁，他们平时健康平安的时候向他们问好，他们落难困苦的时候不能一走了之，要热心地帮助他们。危急时刻建立的人脉不仅有用，而且能换得很好的口碑，在以后交别的朋友时也用得上。

讲求人脉，不是要你去奉行是人就交朋友的"小人之交"，而是要选择有原则的"君子之交"。

　　现代社会，人际网络因为科技的发达而变得复杂。在网络上一天所认识的朋友，可能比过去现实生活中一年所认识的还多。虽然大多数人不愿意网络交友，但这也是不错的"从虚拟变现实朋友"的渠道，现在已经成为时尚和流行。

　　如果还有人不屑于网络上的人脉，死抱老想法，算是真落伍了。

　　在拉拢朋友上还有一招叫做"保鲜"功夫：经常编写"嗨！我是某某人，好久不见啦，最近过得好不好？"之类的短信，发给数百位朋友；每天收到名片后，要立即在背面批注，包括相遇地点、介绍人、兴趣特征，以及交谈时所聊到的问题等，越翔实越好，然后于建立新联络人时，将这些信息打在备注栏里，以后只要用搜寻功能，便能将同性质的人找出来。

　　我们不仅要在意识上学会重视人情，更要在技术上学会运用人情关系。

　　注重关系的经营，就是增加资本的经营。

7

知道越多，胜算越大
——信息中的经济学诡计

这是一个信息时代。很显然，信息的作用在经济活动中非常重要，甚至直接影响经济活动的结果，信息的不对称会直接造成经济风险。如果能把信息准确快速地传递出去，就可能为自己赢得成功的机会，反之，如果传递的是错误信息，就会导致失败。

信息决定胜负手

先来看下面一则笑话。

据说1910年，在一次部队的命令传递中，美军闹了很大的笑话。

有一天，营长很郑重地对值班军官说："哈雷彗星在明晚大约八点钟左右，可能在这个地区看到，每隔七十六年我们才能看见这颗彗星。命令所有士兵着野战服在操场上集合，我将向他们解释这一罕见的现象；如果下雨的话，就在礼堂集合，我为他们放一部有关彗星的影片。"

于是，值班军官对连长说："根据营长的命令，明晚八点在操场上观看哈雷彗星。如果下雨的话，就让士兵穿着野战服列队前往礼堂，这一罕见的现象将在那里出现。"

接着，连长又对排长说："根据营长的命令，非凡的哈雷彗星在明晚八点将身穿野战服在礼堂中出现。如果操场上下雨，营长将下达另一个命令，这种命令每隔七十六年才会出现一次。"

然后，排长对班长说："明晚八点，哈雷彗星将陪同营长一起在礼堂中出现，这是每隔七十六年才有的事。如果下雨的话，营长将命令彗星穿上野战服到操场上去。"

最后，班长对士兵说："明晚在八点左右会下雨，著名的七十六岁的哈雷将军将身着野战服，并在营长的陪同下，开着他那辆彗星牌汽车，经过操场前往礼堂。"

大家听到这个笑话后，肯定觉得很好笑，信息传递到最后，已面目全非，变成了令人啼笑皆非的信息。我们假想一下，如果军队在打仗过程中，要传递的是一个战略性信息的话，出了错误会有怎样的结果呢？

下面我们再来看一个真实的故事。

山西军阀阎锡山与冯玉祥在1930年4月结成反蒋联盟，发动了中原大战来讨伐蒋介石。当时，联席会议决定，阎、冯各派一支部队，在河南省的沁阳县会师，然后一举聚歼驻在河南的蒋介石军队。于是，冯玉祥的参谋很快拟写一份有关指挥沁阳的紧急命令。但命令中误把"沁阳"写成了"泌阳"，一字之差，铸成大错。沁阳在河南北部，离黄河岸约70公里，北靠山西，对阎军来说十分有利，进可攻，退可守。而泌阳在河南南部，距沁阳却有几百公里。到会师那天，阎锡山的部队在沁阳看不见冯玉祥部队的影子，知道情况不妙，立即打电报询问，这才发现冯军走错了地方。冯军挥师北上赶到时，蒋介石的战机已经逃走了，他们失去了歼灭敌人的机会，因而联合作战失败了。

本来这是一场完美的胜仗，但是，由于错误的传递了信息而最终导致了失败。由此可见，信息的准确传递，是多么重要的一件事情。如果能把信息准确快速地传递出去，就可能为自己赢得成功的机会。反之，错误信息就会引起失败。

信息传递已经成为了一种博弈智慧了，它不仅仅是一门科学。如何获得信息、利用信息，是决策者进行博弈决策的一个关键。

有一则征兵广告在美国因为既幽默又有智慧而家喻户晓、人人皆知。这则征兵广告面世后，收效十分明显。它改变了死气沉沉的征兵局面，使许多青年踊跃应征入伍。征兵广告的内容如下。

"当兵其实并不可怕，来当兵吧！应征入伍后你无非有两种可能：有战争或没战争，没战争有啥可怕的？有战争后又有两种可能：上前线或者不上前线，不上前线有啥可怕的？上前线后又有两种可能：受伤或者不受伤，不受伤又有啥可怕的？受伤后又有两种可能：轻伤和重伤，轻伤有啥可怕的？重伤后又有两种可能：可治好和治不好，可治好有啥可怕的？治不好更不可怕，因为你已经死了。"

这则风趣的广告吸引了众多年轻人，是一位著名心理学家写的这份别出心裁的征兵广告。媒体记者采访了他，问："为什么这份征兵广告能深入人心，取得这么好的效果？"

"当人们有了接受最坏情况的思想准备之后，就有利于应对和改善可能发生的最坏情况。"这位心理学家回答道。

当时，几乎没有人愿意去服兵役，他们都在去还是不去服兵役这两个选择之间进行博弈，而这则广告会让青年人产生去服兵役的念头。信息的价值正在于此，我们在大部分情况下，很难掌握影响未来的所有因素，于是做出准确决策变得极为困难，而信息则会帮助决策者去衡量利弊，做出对自己有益的决策。

一般来说，获得信息优势的人会占据上风，因为博弈双方对信息的掌握通常是不对称的，占有优势的人可以通过披露信息的方式来改变双方的资源配置情况，从而实现影响博弈的结果。这一点，被无数的历史事件所证实。

阿尔及利亚是非洲面积第二大的国家，它北临地中海，与西班牙和法国隔海相望，位于非洲和撒哈拉大沙漠的西部。1830年，法国入侵阿尔及利亚，经过多年战争，法国于1905年占领阿尔及利亚全境。在后来的五六十年间，阿尔及利亚人民奋起反抗，要求独立。法国政府派去了不少军队，动用了不少财力和物力，来镇压阿尔及利亚人民。

在20世纪60年代初时，法国与阿尔及利亚两方都损伤惨重。戴高乐是法国的总统，他为了尽快结束战争，决定同阿尔及利亚人进行谈判。然而，驻守在阿尔及利亚的殖民军军官们却密谋发动政变，以阻止戴高乐的和平计划。为瓦解兵变，戴高乐以慰问为名，向驻守在阿尔及利亚的法国军人发了几千台晶体管收音机，供士兵收听。军官们认为这并非是件坏事，肯定了这个做法。

但是，在正式会谈开始的那天夜里，戴高乐总统的声音从收音机里传来了："士兵们，你们面临着忠于谁的抉择。我就是法兰西，就是它命运的工具，跟我走，服从我的命令……"这声音，这语气，跟当年戴高乐流亡国外，号召法国人民反击德国法西斯时的声音一样。过去他们跟着戴高乐，取得了反法西斯战争的胜利，今天还能有别的选择吗？于是，事态的真相就这样摆在了士兵面前，军官们放弃兵变的图谋，兵营里也变得空空荡荡了。

戴高乐就这样不费一枪一弹，通过披露信息成功地控制了局面，赢得了政治上的一大胜利。

▶ 身在山中，就要识庐山真面目

"不识庐山真面目，只缘身在此山中。"这句古诗影射出一种常见信息博弈。就是在博弈中，往往会出现某一方所知道的信息而对方不知道的情况，这种信息就是拥有信息一方的私有信息。由于私有信息的存在而导致了信息不对称的现象，才会有占优势的博弈一方和占劣势的博弈一方。

我们可以通过一个禅宗开悟的故事来理解私有信息。

圆悟克勤大师是宋朝临济宗杨岐派著名僧人，他尤为奇特，是从一首艳诗开悟机缘的。

克勤在小时候就有神童之称，一日能记千言，过目不忘。一天偶然到妙寂寺游玩，看到案上的佛经，再三翻阅，爱不释手，遂出家为僧。他拜访过许多著名禅师后，投到五祖法演的门下当弟子。

克勤在数年之间精进不懈，并有所悟，将自己所写的诗偈呈法演印证，但师父却始终认为克勤还没有见到自性。

后来，有一位前任吏部提刑大人，刚巧辞官返乡途中路过五祖法演的寺庙，便向法演问道："什么是祖师西来意？"

法演回答说："提刑大人，你少年时代可曾读过'一段风光画不成，洞房深处恼予情。频呼小玉元无事，只要檀郎认得声。'这样一首艳诗？后面这两句和祖师西来意颇为相近。"

一个女子在古时是不能主动对男性表示愉悦之情的，因为男女授受不亲，即使是新娘子，也不能大声呼叫自己的夫婿。只能枯坐洞房、等待夫婿的新嫁娘，自不免愁恼之情。她只能频频使唤帖身丫鬟小玉拿茶倒水的，无非是要引起丈夫的注意，让他知道自己正在房中等待。历代的诸佛祖师就是这位用心良苦的新娘子，而众生就是那位感觉迟钝的檀郎。祖师们的语录公案、诸佛的教示言说，就是那频呼小玉的弦外之声。陈提刑听了法演引用的这首艳诗，自然意会其中的深意，满意地回去了。

正好克勤路过，听到师父与提刑大人的对话，"刚刚听到师父对提刑举一首艳诗，不知提刑会也不会？"他不解地问道。

"其实，他只识得声音。"法演回答道。

"他既然识得声音，却为什么不能见道呢？"

听到这儿，法演看出他开悟的机缘已经成熟，于是，大喝一声："什么是祖师西来意？庭前柏树子呢！"

克勤立即跑出方丈室外，看见一只公鸡正鼓翅引颈高啼地飞上栏杆，克勤恍然大悟地笑道："这岂不是'只要檀郎认得声'的'声音'嘛！"于是将自己开悟的心得写成一偈，呈给师父：

金鸭香炉锦绣帷，笙歌丛里醉扶归。

少年一段风流事，只许佳人独自知。

诗意谓悟道如热恋中的情事，旁人是无法了解其中的感觉的，只有当事人才了解。悟境言语道断，不立文字，好比少年的风流韵事，如人饮水，只许自知。

五祖法演见了徒儿能做出这样的好偈，欣喜地说："见性悟道是历代诸佛祖师们念兹在兹的大事，不是小根劣器的凡夫众生所能造诣的。今天你能和诸佛声气相通，我真为你高兴！"五祖于是对蜀中的禅门耆旧传出消息说："我的侍者终于参禅悟道了！"后来，克勤一直在努力学习，终于成了法演最杰出的弟子。

把克勤的这首诗翻译成现代文就是说，悟道如同热恋中的事情，只能自证自知，旁人是无法了解其中滋味的。悟境好比少年的风流韵事，如鱼饮水，冷暖自知。其实，私有信息就是指这种冷暖自知的信息。

信息的不对称是由私有信息导致的，而这种不对称，给决策者带来了风险。

平时，我们去商场买衣服时，是看不出服装是否有严重缺陷的信息的，多数买主无从了解或很难了解，只有接近或熟悉商品的人才观察（例如店员或专业裁缝）到这类信息。"买的没有卖的精"，说的就是这样的道理。

究竟什么原因而导致了这种现象，这要从买卖双方来说起，无非是因为交易商品质量好坏属于卖方的私有信息，自然买方不如卖方有主动权。

再看一个关于谈恋爱的例子。

当一个女孩子有好几个男子追求她时，面对他们，她无法判断他们的人品、上进心等信息，因为这些信息是他们的私有信息。由于私有信息的存在，女孩和追求者之间就有很大的不确定性，而这种不确定性所带来的风险不言而喻。于是，很多女孩为了避免遇人不淑的结果，在选择时都会比较谨慎。

在管理上也像在生活中一样，存在私有信息。这样，会给很多决策者带来困惑，因为他们无法准确判断决策的未来。

有一段时间，前苏联在政策上的改革一直屡屡失败，而且经济一直病入膏肓。于是，当时总统戈尔巴乔夫便遭遇了记者的苦苦纠缠，在屡次解释无效后，他选择向记者讲了个笑话："有一个总统，拥有100个情妇，其中有一个有艾滋病，不幸的是，他找不出是哪一个；另一位总统，拥有100个保镖，其中一个是恐怖分子，但一样不幸的是，他也找不出哪一个是恐怖分子。"

接着，戈尔巴乔夫望向记者，自嘲地说："而戈尔巴乔夫的难题就是，他有100个经济学家，其中一个是聪明的，但同样不幸的是，他也不知道哪一个是聪明的。"

可以看出，信息的不对称性完全是由私有信息所造成的，很大程度上影响了我们在生活与工作中做出肯定并准确的决策。

▶▶ 先人一步，先赚一笔

对博弈决策来说，信息至关重要。那么，对于每个人来说，掌握信息是一种必不可少的人生智慧。如果你能把握信息，并应用它做出正确的判断，就能得到财富。

传说，有一户世代以漂染丝绸为业的宋国人家，他家有一种祖传秘方，能调制防治手脚龟裂的药膏。有位游客听说后，出价百两银子收买这种药方。

他们一家人辛辛苦苦漂染丝绸一年，只不过能赚几两银子，现在一下子可以得到上百两银子，于是他们一致同意将药方卖给了游客。

于是，游客带着买下的药方来到了吴国。吴国正与越国交战，时值隆冬腊月，北风刺骨，吴国水军士兵的手脚都开裂了，无法持戈作战，吴王为此很着急。这时，游客献上药方，并治愈了士兵的手脚上的龟裂，因此而打败了越军。

这个游客功不可没，吴王很高兴，封他为侯，还赐封给他大片土地作为奖赏。

漂丝者只在冬天漂丝时用治龟裂的药膏，而游客则将其用于两国的交战，结果是可想而知的。游客聪明就聪明在他利用信息的智慧，一方面，他掌握了"吴王为士兵在冬天出现手脚龟裂而担心"的信息，另一方面，他掌握了"宋国人能够调制预防手脚龟裂药膏"的信息。游客利用这个信息，给吴王起到了雪中送炭的效果，因此自己也富贵了。

"即使是风，也要嗅一嗅它的味道，你就可以知道它的来历。"这句是羊皮卷上很著名的一句话，充分说明了财富就隐藏在信息中。在当今这个信息瞬息万变的时代，关注信息就是关注金钱，任何的风吹草动都有可能包含着让我们成功的信息。信息已经成为这个时代的决定性力量，及时拥有信息的人，才能拥有财富。当今社会，这个时代的象征就是信息，几乎一切都是用信息来衡量。

菲普力·亚默尔是亚默尔肉类加工公司的老板，虽然他生意繁忙，但他天天都要看报纸，每天秘书都会给他送来当天各种报刊。1875年初春的一个上午，他仍然和平时一样细心地翻阅报纸，一条不显眼的不过百字的消息把他的眼睛牢牢吸引住了：墨西哥疑有瘟疫。亚默尔顿时眼睛一亮：如果墨西哥发生了瘟疫，就会很快传到加州、德州，而加州和德州的畜牧业是北美肉类的主要供应基地，一旦这里发生瘟疫，全国的肉类供应就会立即紧张起来，肉价肯定也会飞涨。他立即派人到墨西哥去实地调查。几天后，调查人员发回电报，证实了这一消息的准确性。亚默尔放下电报，立即集中大量资金收购加州和德州的肉牛和生猪，运到离加州和德州较远的东部饲养。两三个星期后，瘟疫就从墨西哥传染到美联邦西部的几个州。联邦政府立即下令严禁从这几个州外运食品，北美市场一下子肉类奇缺、价格暴涨。亚默尔及时把囤积在东部的肉牛和生猪高价出售。他通过这条信息赚取了巨额利润，在三个月时间，净赚了900万美元（相当于现在1.3亿美元）。

亚默尔长期看报纸去获取最新信息，造就了他的成功，他的成功也绝对不是偶然的，因为他善于抓住对公司有利的信息，并充分地加以利用。为了更有效地获取信息，也为了避免他个人的力量无法兼顾到所有的信息，他还专门成立了一个小组，为他负责收集相关信息，这些收集信息的人员文化水平都很高，长期经营他公司相关行业，富有管理经验，懂得信息中哪些信息是有用的，哪些信息是无用的。他们每天把全美、中国、日本等世界几十份主要报纸收集起来，并对其中重要的相关信息进行分类，最后再将这些信息做出相应的评价，而这些已经集聚了全世界信息精华的信息，最后才会被送到亚默尔手中，再由他去选择出可以对公司带来财富的信息加以利用。当他发现某条有价值的信息时，就和收集信息的人员共同研究，科学推断出哪些是有用的、哪些是没有用的，就这样，他在生意场中屡屡成功。

从中我们可以知道，如果我们想要创造无尽的财富，就得抓住对我们有用的信息，并加以利用。

由于信息的不对称性，决定了没有掌握信息的人处于劣势，而掌握信息的人具有优势。在金融领域，这种利用信息不对称而赚取丰厚回报的做法比比皆是。就好比在股市中，要想赚到钱就一定要有可靠信息来源。

当你从某只股票庄家的口中得到明天将会拉升这只股票至涨停时，后天将会在开盘30分钟后抛出的这条信息，那么，你根据这个信息，就可以在今天买入，到后天开盘卖出，净赚一个涨停板。而那些没有信息的散户，可能会在后天开盘时买入，追涨杀跌，结果损失惨重。这些投资回报上的差异，就是由信息不对称带来的。

尼桑是犹太巨富罗斯查尔德的第三个儿子，因为重视信息，竟然在几小时之内，赚了几百万英镑。

伦敦证券交易所在1815年6月20日的一大早便充满一种气氛，这种气氛紧张得令人窒息。因为6月19日，英国和法国进行了决定两国命运的战役——滑铁卢之战。毫无疑问，如果英国获胜，英国政府的公债将会暴涨；反之若法军获胜，英国的公债必是一落千丈。此时，每一位投资者都明白，只要能比别人早知道哪方获胜，哪怕半小时、10分钟，甚至几分钟也可以大捞一把了。战事远在比利时首都布鲁塞尔，当时还没有无线电，没有铁路，主要靠快马传递信息。对方的主帅是赫赫有名的拿破仑，前几次的几场战斗，英国均吃了败仗，英国获胜的希望不大。尼桑还是习惯地靠着厅里的一根柱子，这是尼桑的一个习惯性举动，人们还给这根柱子起名为"罗斯查尔德之柱"。

虽然此时尼桑靠在"罗斯查尔德之柱"上，而且面无表情，但他已经开始卖出英国公债了。"尼桑卖了！"这条消息马上传遍了交易所，所有的人毫不犹豫地跟进，瞬间英国公债暴跌，尼桑继续抛出。公债的价格跌得不能再跌了，尼桑突然开始大量买进。"这是怎么回事，尼桑玩的什么花样？"大家纷纷交头接耳。此时，官方宣布了英军大胜的捷报，交易所又是一阵大乱，公债价格又暴涨，而此时的尼桑已经悠然自得地靠在柱子上欣赏这乱哄哄的场景了。他狠狠地发了一大笔财！人们一直困惑为什么尼桑敢这么大胆地买卖，要是英军战败，他的损失就大了。殊不知，尼桑敢这么做是因为他拥有自己的情报网。

其实，罗斯查尔德的5个儿子遍布西欧的各主要国家，他们认为信息和情报就是家族繁荣的命脉，所以他们建立了一个专用情报网。这个网横跨整个欧洲，并不惜花大钱购置当时最快最新的设备，从有关商务信息到社会热门话题无一遗漏，而且情报的准确性和传递速度都超过英国政府的驿站和情报网。因此，人们称他是："无所不知的罗斯查尔德"。尼桑比英国政府先获得滑铁卢的战况，就是有了这一情报网。

由此可见，信息是多么的重要，要学会如何才能获得不对称的信息，信息的不对称让尼桑赚了数不清的财富。这就足以说明信息中自然藏有财富，关键是我们要以快速、准确的方式去获得信息，只有这样才可以让隐藏在信息中的财富为我们所得。我们要是想先别人一步占据优势，先别人一步夺来信息中的财富，就一定要注重信息、研究信息，这样才能快速地获得最新消息。

产品营销中的信息学

　　"酒香不怕巷子深"这句话在现代已经不太实用。我们古代讲个体经济，一个品牌通常要靠口碑相传。而今天的社会，依靠口碑相传，虽然真实可信，节省成本，但是信息的传递速度太慢，已经不适合竞争激烈的环境了。

　　在今天的社会里，要想推广商品必须通过广告，而信息就是通过广告这个载体传播的。消费者在不了解实际情况下，只是通过阅读广告所带来的信息，进行购买决策，结果往往是被"忽悠"。

　　当然，大部分情况下，这种"忽悠"只是创造了购买的需求和冲动而已，这并不一定是欺骗。换句话说，无论自己生产的是"好酒"也罢，"坏酒"也罢，企业都可以通过具有煽动性的广告信息，帮助消费者做出决策，从而实现产品的销售。

　　在西方的一个国家里，出版商绞尽脑汁地为了推销书籍，使出各种奇招。有一位聪明的书商给总统送了一本书，并三番五次地去征求总统的意见，忙于公务的总统不愿与他多纠缠，便回了一句："这书不错！"书商如获至宝，立即在传媒上大做广告："现有总统喜欢的一本书出售。"结果可想而知，该书未上市时大家都有所耳闻了，一上市就一抢而空。

　　后来，那位书商又要卖书了，依旧送给总统一本书。总统上过一次当后总算学乖了，奚落道："这本书实在糟透了！"不曾想他的这个回答又上了书商的"套"，书商又以总统的话大做广告："现有让总统讨厌的一本书出售。"虽然也许书的内容并不好看，但人们出于好奇又抢购这本书，该书又被一抢而空了。

　　总统在书商第三次给他送书时，吸取了前两次的教训，一句话也不说。但最终仍被书商钻了空子，这一回书商的广告词是："现有总统也难以下结论的一本书出售，欲购请从速。"同前两次一样，在极短的时间内，那本书又被一抢而空了。

不得不说这是一个聪明的书商，巧妙地利用了信息的不对称性改变了总统的评价，并向读者传递有利自己的信息，从而实现了畅销。当然，在商业广告经常充斥平庸之作的世界里，令人耳目一新的造势也是传递信息的一种有效途径。要想带来销售量的增长，可以适当地应用艺术的造势，利用名人效应就是造声势的一个妙招。

TCL是一家国内著名家电企业，它曾花巨资请韩国巨星金喜善来作为该品牌手机的代言人，就是为了推广新的手机业务。很多观众反映看过这个广告以后，并没有了解到ＴＣＬ为他们传达的是什么样的一个信息，也就是说TCL手机与目前我们市场上已经存在的手机之间到底有什么样的区别。那么，为了拍广告而耗了巨资，对企业来说，究竟这样的投资与成本之间的比例值不值呢？

虽然，大多数人都认为没必要这样做，但是TCL公司却认为这样是值得的。 TCL的一名高级员工这样解释："我们企业做投资的时候，当初有广告公司给我们建议，说你做的手机是比较时尚的，是面对年轻人的，所以他们建议找一个漂亮的年轻的名人，我们接受了这个观念。至于投资与收益，我可以在这里告诉大家，我们那个广告播出以后，销量在几个月之内超过了120万部，有时当天都无法提到货。假如投资是一千万，它产生的可量化的回报到底是多少呢？我们的目标对象是由细分市场本身来决定的，并不是所有的人。我只能卖给那些愿意买我们的产品的人，所以我们广告投入最大的一个关键就是，我们研究更多的是买点，而不是卖点。我们广告投资有一个很重要的原则，就是你要知道都有谁、为什么买你的产品。"

TCL把手机当成时尚物品来卖，也是它广告成功的原因，而且名人效应在这件事上完美地展现出来了。当然，时尚是供人谈论的，而且这种谈论本身常常被别人所谈论，时尚物品广告所要的效果就是这样。

请名人在电视上作一段秀，然后付给他一大笔钱这不是真正的名人效应。实际上，只要名人影响所及，就有效应。

迈克尔·乔丹是全世界公认的美国篮球飞人，他是全球无可争议的运动明星，如今，不仅在篮球事业，他的影响力还扩及经济、商业层面。狂热的乔丹迷从10岁到40岁都有，他们热衷于购买乔丹太阳眼镜，也会顺便买乔丹古龙水，实在没有预算，买块乔丹香皂，或是乔丹贴纸也好。就像乔丹古龙水的广告语：切入，切入，切入，借此介入乔丹的世界里。目前与乔丹相关的产品还有耐克的飞人乔丹篮球鞋、萨拉·李公司的服饰、威尔逊运动用品等等。只要有了迈克尔·乔丹，一样的品牌、一样的产品和之前就大不一样了。

爱采用名人策略的还有美国派克笔公司，但是它不仅利用名人，同时又结合了重大的历史事件，这样就赋予了派克笔历史色彩。美国派克笔公司曾用罗斯福总统在一份文件上签字的照片做广告，广告语为："美国总统用的是派克"，利用总统的权威来印证拥有派克产品是权力和地位的象征。1988年1月3日，美国派克笔在前苏联的《莫斯科新闻》做了整版广告。1987年底里根和戈尔巴乔夫用派克笔签署削减中程导弹条约的大幅照片刊登在广告上，广告标题为"笔比剑更强"，给人们极大的视觉冲击。

▶▶ 巧把信息当工具

下面先来看一位优秀的商人杰克和他的儿子的对话：

杰克：现在有一个我已经选好的女孩子，你得娶她。

儿子：不行，我自己会决定我的新娘。

杰克：但是，你知道么，她可是比尔·盖茨的女儿。

儿子有点儿犹豫了。

有一天，杰克和比尔·盖茨共同参加了一个聚会。

杰克：我来帮你女儿介绍个好丈夫。

比尔：我女儿还小呢，现在还不想考虑嫁人这事呢。

杰克：但是，你知道么，这年轻人可是世界银行的副总裁喔。

同样，比尔有点儿犹豫了。

接着，杰克去见世界银行的总裁。

杰克：你好，我想向您推荐一位年轻人当贵行的副总裁。

总裁：不用了，我们银行已经有很多位副总裁。

杰克：但是，你知道么，这位年轻人是比尔·盖茨的女婿喔。

与之前一样，总裁也犹豫了。

最后的结果可想而知，杰克的儿子娶了比尔·盖茨的女儿，又当上了世界银行的副总裁。

虽然这只是一个虚构的案例，但我们可以从这个案例中发现，可以从虚构出来的假信息中受益，前提是能进行巧妙的策略欺骗。三国时期的诸葛亮就是个策略欺骗的高手，最擅长利用信息不对称来假戏真做，解决棘手的难题。众所周知的"草船借箭"的故事，就体现了这点。

周瑜智勇双全，是孙权手下得力大将，但是他很妒忌诸葛亮的才干，心胸很狭窄。因水中交战需要箭，周瑜要诸葛亮在十天内负责赶造十万支箭，哪知诸葛亮却愿立下军令状，说只要三天就完成任务，完不成任务甘受处罚。周瑜想，三天不可能造出十万支箭，正好利用这个机会来除掉诸葛亮。于是，他一面派出大臣鲁肃，让他去探听诸葛亮的虚实，还一面叫军匠们不要把造箭的材料准备齐全。

诸葛亮见到鲁肃后，说："我想请你帮我个忙。希望你能借给我20只船，每只船上30个军士，船要用青布幔子遮起来，还要一千多个草靶子，排在船两边。不过，千万不能告诉周瑜这件事。"

鲁肃答应了诸葛亮，同时把东西都准备齐全。两天过去了，不见一点动静，到第三天四更的时候，诸葛亮秘密地请鲁肃一起到船上去，说是一起去取箭。鲁肃听完后，很是纳闷。

那天，大雾迷漫在江上，都看不见对面的人，但是，诸葛亮又吩咐士兵用绳索把船连接起来，再开往对岸。当船靠近曹军水寨时，诸葛亮命船一字儿摆开，叫士兵擂鼓呐喊。曹操以为对方来进攻，又因雾大怕中埋伏，就派6000名弓箭手朝江中放箭。

不一会儿，正面的草靶子就被箭射满了。然后，诸葛亮又命军士将船掉过头来，让另一面受箭。

当草靶子上被箭射满时，雾也快散了，于是，诸葛亮令船往回开。这时船的两边草靶子上密密麻麻地插满了箭，每只船上至少五、六千支，总共超过了十万支。周瑜听完鲁肃说的诸葛亮借箭的经过后，感叹地说："我甘拜下风，他真是神机妙算。"

诸葛亮高明在善于利用天气信息，给曹操制造了假象，从而让他下达了进攻的信息。而当十万只箭被诸葛亮成功收回之后，曹操才大呼上当，但为时已晚。

诸葛亮的"空城计"也演出了和"草船借箭"如出一辙的戏，同样也是用了信息欺骗的策略。

诸葛亮失掉战略要地街亭，就是因为错用了马谡。而此时，魏将司马懿乘势引大军15万向诸葛亮所在的西城蜂拥而来。当时，诸葛亮身边没有大将，只有一班文官，所带领的五千军队，也有一半运粮草去了，只剩2500名士兵在城里。众人听到司马懿带兵前来的消息都大惊失色。诸葛亮登城楼探清敌人虚实后，放心地对大家说："我略用计策便可让司马懿退兵，大家不要惊慌。"

于是，诸葛亮传令让士兵原地不动，若有私自外出或大声喧哗的立即斩首，还让下属把所有的旌旗都藏起来。又叫士兵把四个城门打开，每个城门前派20名士兵扮成百姓模样，洒水扫街。诸葛亮自己披上鹤氅，戴上高高的纶巾，领着两个小书童，带上一架琴，到城上望敌楼前凭栏坐下，燃起香，然后慢慢弹起琴来。整个城似乎都是一种悠然自得的感觉，丝毫感觉不到战争就在眼前。

司马懿的先头部队见了这种气势，急忙返回报告司马懿，谁都不敢轻易入城。司马懿听后，笑着说："这怎么可能呢？"于是传令三军停下，自己飞马前去观看。离城不远，他果然看见诸葛亮端坐在城楼上，笑容可掬，正在焚香弹琴。左面一个书童，手捧宝剑；右面也有一个书童，手里拿着拂尘。城门里外，只有20多个百姓模样的人旁若无人地低头洒扫。

司马懿看到城里的人这样悠闲，疑惑不已，便决定撤退。他的二儿子司马昭说："莫非是诸葛亮家中无兵，所以故意弄出这个样子来？父亲您为什么要退兵呢？"司马懿说："诸葛亮一生谨慎，不曾冒险。现在城门大开，里面必有埋伏，我军如果进去，正好中了他们的计。还是快快撤退吧！"于是，各路兵马按原路全部撤回去了。

诸葛亮有一个特点就是谨慎不冒险，司马懿一直这样认为。而诸葛亮恰恰利用了自己的这个特点进行信息欺骗，保住了城池的安全。惊险之余，司马懿不得不佩服诸葛亮的智慧。

现实中的博弈，如果想打破平衡，参与者就得想方设法地猜测对方的策略。所以，基本策略往往是：先维持住一个平衡的局面，然后尽量在对方的行动中寻找规律，当捕捉到这种规律之后就利用它，打垮对手。

如果双方都采取保守策略，博弈将保持在平衡状态。必须有一方跳出来，按照规律行动，诱使对方"抓住规律"出击，这时才能真正地斗智斗勇。

诸葛亮有自知之明，善于用策略行动，他更知道利用对手对自己的习惯和特点的了解，制造假象，把对手诱入他的陷阱之中，就可以很好的利用信息进行欺骗了。

▶▶ 自作聪明的往往是笨人

安达列先生是巴黎著名的古董收藏家，有一天，他下乡搜集古董，在一个农夫家，发现了一只古董小碟子，这个小碟子是中世纪时期的，主人却用它在给猫喝牛奶。

"我真想把您这只漂亮的小猫买下来给我的小儿子，那他准会高兴透了。你同意卖吗？"安达列压抑着内心的惊喜问那位农夫。

"当然。"

付了一大笔钱之后，安达列说："这小猫一定习惯用这只旧碟喝奶啦，我可以把这只碟子也一块儿拿走吗？"说着便伸手去拿那个碟子。

农夫嚷道："先生，这可不行，您把碟子放下吧，它使我两天之内卖掉了六只猫。"

"那这样好了，我不在乎钱。"安达列想了想，"为了让我买的猫过得舒服，我再给你购买两只猫的钱，把碟子拿走，你看你能白赚很多钱。"

农夫说："我刚才还忘说了，尊敬的先生，这个碟子除了能帮我卖掉小猫，它还是个中世纪的古董。"

就这样，安达列用一大笔钱买了一只普通的小猫。

从这个故事我们可以看出，古董商错误地认为农夫不知道真相，认为只有自己才知道碟子是古董，他想利用这个不对称的信息来获取碟子。而实际上，农夫不光知道"碟子是古董"，还知道"古董商认为农夫不知道碟子是古董"的信息，由此真正形成了信息不对称，并大赚了一笔。

很多类似的例子出现在我们的生活中：例如某家商场宣传自己

在搞打折活动，很多人觉得趁此机会节省不少钱还能买到称心如意的商品。实际上，你往往就因为这样的信息，陷入了商家制订的骗局——商家通过提高价格再打折的方式促销，给消费者制造了省钱的假象，从而牟取利益。而真正聪明的消费者，会去主动发掘是否有不对称信息的存在，把打折后的价格和其他同类商品相比较，避免自己受骗。

一定要在尽可能地掌握相关信息后，再做博弈决策。如果没有掌握正确的信息，把别人当笨蛋，自己想当然的话，很可能就会因此尝到苦头。

郑堂是明朝正德年间的福州府城内朱紫坊的一位秀才，他开了家字画店。由于这个人是个附庸风雅的主儿，琴棋书画诗词歌赋都略知一二，颇有些名声在外，所以店里生意兴隆。

有一天，龚智远带来了一幅传世之作《韩熙载夜宴图》，打算把它押当，郑堂当场就付了龚智远8000两银子，到期后他应该还15000两。一晃就到了取当的最后期限，仍不见龚智远拿银子过来赎画，郑堂似乎感觉到有些不大对劲，取出放大镜仔细一看，原来是幅赝品。郑堂被骗走8000两银子的消息，一夜之间不胫而走轰动全城。

受骗的郑堂在两天之后，做出一个让人大跌眼镜的决定，他遍请全城的士子名流和字画行家，要在家中大宴宾客。酒至半酣，郑堂从内室取出那幅假画挂在大堂中央，说道："今天请大家来，一是向大家表明，我郑堂立志字画行业，绝不会因此打退堂鼓；二是让各位同行们见识见识假画，引以为戒。"待到客人们一一看过之后，郑堂把假画投入火炉，边烧边义正词严地说道："不能留此假画在这世上再害人了！"郑堂把8000两银子的画就这样付之一炬的事再一次轰动全城。

第二天一大早，听到消息的龚智远就来到他店里，说因为有要事耽误，所以才迟来几天还银子。郑堂说："无妨，只耽误了三天，但是需加三分利息。"铁算盘一打，本息共计是15240两银子。

龚智远昨夜已得知自己的那幅画已经被他烧了，所以有恃无恐的要求以银兑画。郑堂数完银子后，龚智远见他从内堂取出一幅一样的画，不由得两腿发软瘫倒在地。

原来，郑堂为了不让骗子轻易得逞，就想要挽回损失。他灵机一动，自己抓紧时间依照赝品又仿造了一幅画，画好后故意大宴宾客毁画（毁掉的是赝品的仿制品），故意让龚智远听到风声，从而主动送来本息巨金。就这样，自作聪明的龚智远就有如哑巴吃黄连，有苦也说不出，郑堂还大赚了一笔。

龚智远中了郑堂的计策，偷鸡不成蚀把米，想把郑堂当作笨蛋，结果自己却当了笨蛋。可见，在博弈中有太多的人愿意赌别人是傻瓜，而自己最聪明，其实是非常危险的事。

Chapter 8

讨价还价智慧大
——谈判中的经济学诡计

　　谈判在我们的生活中无处不在，小到菜市场买菜时的讨价还价，大到两个国家经济贸易中的圆桌会议，可以说，出色的谈判技巧和策略，是我们争取经济效益最大化的必备能力。所以，我们必须学点讨价还价中的智慧了。

▶▶ 蛋糕应该怎么分？

　　某家外企在招聘员工时出过这样一道试题：要求应聘者把一盒蛋糕切成八份，分给八个人，但蛋糕盒里还必须留有一份。

　　有些应聘者面对这样的怪题，绞尽脑汁也无法完成；而有些应聘者却感到此题很简单，把切成的八份蛋糕先拿出七份分给七个人，剩下的一份连蛋糕盒一起分给第八个人。从这道题中，就可以看出应聘者的创造性思维能力了。

　　在很多领域，都可以看到分蛋糕这个故事。无论在日常生活、商界还是在国际政坛，有关各方经常需要讨价还价或者评判对总收益如何分配，总收益其实就是一块大"蛋糕"。

　　该如何分配这块大"蛋糕"呢？一半对一半的公平分配的方案是最可能实现的，一方先把蛋糕切成两份，另一方先来挑选。在这种制度设置之下，如果切得不公平，得益的必定是先挑选的一方。所以负责切蛋糕的一方就得把蛋糕切得公平，才能让双方都满意。

　　其实，这样也是无法保证公平的，不可能把蛋糕正正好好切得一样大，而先挑选的一方比较可能得到大的一半。按照这样的想象，谁都不愿意做切蛋糕的一方。虽然双方都希望对方切、自己先挑，但是真正僵持的时间不会太长，因为僵持时间的损失很快就会比坚持不切而挑可能得到的好处大。也就是，僵持久了，还会有收益缩水现象的出现。

　　现实中，收益缩水在不同的情况，有不同的速度，它的方式非常复杂。很可能你讨价还价如何分割的是一个冰激凌蛋糕，在一边争吵怎么分配时，蛋糕已经在那边开始融化了。

现在我们来看下面这个现象。

小娟和小明在商量如何分配桌子上的一个冰激凌蛋糕。假如小明同意，他们就会按照成立的契约分享这个蛋糕；假如小明不同意双方持续争执，两人则会一直争执到蛋糕将完全融化为止。

现在，小娟的地位比较有利，她可以给小明有所收获和一无所获这两个选择。即使她提出自己独吞整个蛋糕，只让小明在她吃完之后舔一舔切蛋糕的餐刀，小明的选择也只能是接受，否则他什么也得不到。在这样的规则下，若只能得到一点蛋糕，小明一定不满足，他一定要求再次分配，这时的博弈就不再是一次性博弈。

在经济生活中，讨价还价的问题随处可见，不管是小到日常的商品买卖，还是大到国际贸易乃至重大政治谈判中都存在。

古时候，甲某是一个破落贵族的后代，为了生存，打算将家中祖传的古字画卖给一个大财主乙某。这幅字画在甲某看来至少值200两银子，财主乙某认为这幅字画最多只值300两银子。

照这样看，字画可以在200～300两银子之间顺利成交。这个交易的过程不妨简化为这样：首先由乙某开价，甲某选择成交或还价。这个时候，如果乙某同意甲某的还价，交易顺利结束；如果乙某不接受甲某的价格，则买卖没有做成，至此交易结束。

要分析好这个讨价还价的过程，还可以用解决动态经济学问题的倒推法原理。首先看第二轮也就是最后一轮的较量，只要甲某的还价不超过300两银子，乙某都会选择接受还价条件。

再来看第一轮的情况，很明显甲某会拒绝由乙某开出的任何低于200两银子的价格。比如乙某开价290两银子购买字画，甲某在这一轮同意的话，只能卖得290两；如果甲某不接受这个价格反而在第二轮较量提高到299两银子时，乙某仍然会购买此幅字画。由此比较可得，甲某会讨价还价，其实这其中就隐藏了经济学中的小技巧。

读者只要细心点还可以发现，破落贵族甲某在财主乙某先开价后还价，则甲某可以获得最大收益，这就是所谓的"后发优势"。

这一优势在这个例子中相当于是分蛋糕动态较量中最后提出条件的人几乎霸占整块蛋糕。

如果财主乙某懂得一些经济学中的小诡计，自己就可以获得最大收益。他可以改变策略，要么后出价，要么是先出价，但是不允许甲某讨价还价。如果一次性出价，甲某不答应，就坚决不会再继续谈判，来购买甲某的字画。这个时候，只要乙某的出价略高于200两银子，甲某一定会将字画卖给乙某。因为，甲某的心理价位的底价就是200两银子，若成交不了，甲某只能受冻挨饿。

经济学中有一个著名的理论就是：当谈判的多阶段较量是单数阶段时，先开价者具有"先发优势"；当谈判的多阶段较量是双数阶段时，后开价者具有"后发优势"。

"时间就是金钱"还是谈判较量的一个重要因素，谈判的对象——分割的"蛋糕"会随着谈判越拉越长而缩水。不过，这时各方仍然可能不愿意妥协，暗自希望只要谈成一个对自己更加有利的结果，那么好处将超过谈判的代价。

狄更斯是英国著名的文学家，他所著的《荒凉山庄》描述了这样一个极端的情形：围绕贾恩迪斯山庄展开的争执变得没完没了，以至于最后整个山庄不得不卖掉，用于支付律师们的费用，而争执的双方由于各不相让什么也没有得到。

按照同样的思路也可以应用在企业里：假如不能达成工资协定就会引发罢工，那么公司将会失去利润，工人将会失去工作，也是两败俱伤。同样，假如各国之间的一场贸易自由化谈判僵持很久，他们就会失去贸易自由化带来的好处。

谈判是一门艺术，要学懂它不容易。参与谈判的谈判者应该尽量缩短谈判的过程，尽快达成一项协议，以便减少耗费的成本，从而避免损失，维护各自的最大利益。

▶▶ 保护自己的谈判能力

在谈判中，谈判双方为了维护各自的利益，就会有讨价还价的局面。例如，我们到菜市场买菜，就是最简单的谈判，我们来分析一下其中讨价还价的作用。

请大家看一看这段熟悉的对话：

"苹果怎么卖？"

"15块一斤。"

"您再便宜点吧，15块钱一斤太贵了。8块吧！"

"现在生意不好做，水果都在涨价，您给10块吧。"

"还是太贵了。9块吧。"

"最低9块5，我总不能赔钱吧。"

"最多8块钱，行就买，不行就不买了。"

"行，8块！当我不赚钱，成本价给您。"

"那买一斤，您肯定不亏。"

价格在双方的讨价还价中摆来摆去，就像钟摆一样，最后定在8块上。或许你会说："为什么不一开始就卖8块，大家都省事。"事实上，8块是博弈的最终结果，而之前谁知道最佳成交价是多少呢。或许换个卖家和买家，同样的苹果，最终成交价是7元、9元、10元等等。其实，无论最终的成交价是多少，形成成交，就说明这次博弈达到了双方满意的目的，反过来说，如果有一方觉得不满意，就不会形成交易。就如看到的，正是讨价还价让博弈双方达成共识的。

讨价还价在商业谈判中，显得尤为重要，双方唇枪舌剑为了自己的利益，等待一个最佳的价格。对于大的贸易来说，一次谈判更可能耗时几天甚至几个月。

但是，讨价还价经常不是公平进行的，这是因为双方所处位置的不同。在某些时候，你还可能碰到这样的局面，就是当你准备和对手进行讨价还价时，却发现对方根本不懂得或不愿意和你进行谈判，在这种情况下，你的位置决定了你是否有能力和对方博弈。

下面我们来看一下两个经济学家的遭遇，可以给我们一点提醒。

两个经济学家在一天深夜下了飞机，一起打车从机场去酒店。司机认出了名人，热情地说不用打表，会给他们最优惠的价格和正规发票。

这是一个博弈问题，两个经济学家同时认识了这一点：在不知道价格和这位司机的可疑动机的情况下什么是最佳的对策呢？经过复杂的心算，两个人得到了一致的答案，只要到了酒店，他们的还价地位就非常的高，而且深夜了出租车很难叫。于是，他们上了这辆出租车，并到了酒店。

"零头去了，只收你们100元。"司机热情地说。于是两个经济学家试图还价到90，谁知道司机气坏了，把车门反锁，直接拉着他们回到了机场，生气地嚷嚷"90块只能到半路，不信我就算了"。这两位经济学家被扔在了原来的地方。

两人不得不又等了将近半个小时才上了一辆出租车，两个人没等司机说话就坚持要打表，一路到了酒店，出租车的价目表正好停在了90上。

事后，两个著名经济学家意识到应该先下车再还价，就不会出现这样的结果了。

经济学家固然聪明，但是他们找错了对象。出租车司机不愿意和他们进行讨价还价，又把这两个人拉回了原处，造成了双输的局面。

假设这两个经济学家第一次到达酒店下车后，再讨价还价，那样的结果就不会出现了。出租车司机恐怕不会活生生地把这两个人拉进车里，再拉回机场，很有可能被迫同意90元的条件。所以，在讨价还价中是占优还是占劣很大程度上取决于你在较量中的位置，这能决定你是否能达到最大利益。

为什么很多时候，谈判都会经历一个漫长的时间呢？主要是因为双方都有讨价还价的能力，并且没有一方占据极为有利的位置，陷入了僵持。如果其中有一方失去了讨价还价的能力，这种僵持局面将会被打破。比如上面的出租车司机和经济学家，如果出租车司机锁住车门，开始和经济学家讨价还价，那么很有可能出现的局面是双方你来我往，谈了很长时间也不分胜负。但是，如果经济学家到达目的地后就下车了，司机就没有了讨价还价的能力，若经济学家就此逃跑，司机是不可能随便地把车丢在路边的，这样经济学家处在有利的地位，谈判很快会结束。

刘墉是台湾地区著名的作家，他在《我不是教你诈》中讲了这样一个故事。

有一天，小李特别兴奋，因为他从乡下的老房，搬进台北的高楼了。楼高十八层，小李住十七楼，站在阳台上，正好远眺市中心的十里红尘。唯一美中不足的是小李那十几盆花。阳台朝北，不适合种花。东侧最适合种花，只是那儿没阳台，只有窗户。

有朋友建议："如果钉个花架呢就什么都可以解决了！"并介绍了专门制作花架的张老板给小李。

自从有这个想法后，小李就一直在做噩梦了。梦见花架钉的不牢，花盆又重，突然垮了下去，直落十七层楼，正好落到路人的头上，当场脑浆四溅……

小李从梦中惊醒，满身的冷汗，不禁走到窗前，把头伸出去看看。深夜两点了，居然还人来人往，热闹非常。想想这时候花盆掉下去，都得砸死人。要是大白天出了事，还不得死一堆？

小李想到这儿打了个寒战。

钉花架的那天，小李为了监工，特别请假在家。

张老板果然是老手，十七层的高楼，他一脚就伸出窗外，四平八稳的骑在窗口。再叫徒弟把花架伸出去，熟练地拿着钢钉往墙上钉。

不一会儿，张老板就钉完了，突然跳进窗内：

"成了，你可以放花盆了。"

"这么快就钉好了吗，花盆很重的，它够结实吗？"小李不放心。

"保证用20年都不会出问题，它都能撑住咱们三个人站上去跳，出了问题找我。"张老板豪爽地说。

"这可是你说的。"小李马上找了张纸，又递了纸笔给张老板，"麻烦你写下来，签个名。"

张老板好像不相信小李竟然这样，可是，看小李一脸认真的样子，又不好不写，正犹豫，小李说话了："如果你不敢写，就表示不结实。这东西万一不结实掉下去，可是人命关天呢，我可不敢收。"

张老板看小李这么地坚持，同意写保证书了，同时还对徒弟说："把家伙拿出来，出去！再多钉几根长钉子，出了事，咱可要吃不了兜着走了。"

说完，师徒二人又足足忙活了半个多钟头，检查再检查，才气喘吁吁的离去。

小李考虑到了未来很可能出现花架不结实这很重要的一点，于是他抓住了张老板的一句话，在自己还能和他讨价还价的时候，达成了协议。从而，小李避免未来可能存在的质量问题，也同时保护了自己的利益。

要学会保护自己的利益，就要学会保护自己讨价还价的能力。在生活中，这一点尤为重要。如果你是买家，你的优势策略就是等验完商品再付款；如果你是卖家，就应该争取对方先支付部分货款再交货。

▶▶ 没有准备好，请不要出发

不能什么都没有准备就去讨价还价，之前先搞清楚行情，做好充足的准备，这样再进入博弈胜算会更大，否则很可能掉入骗局。比如，你想寄一份快递，之前没有类似的经验，于是你给某家快递公司打电话，通过简单几句对话，对方摸清你是一个新手，于是骗你说要20元钱。你想了想，开始讨价还价，最后15元成交。当你为自己的谈判水平感到洋洋得意时，其实市场的行情也就8-10元而已，甚至更低，只不过，你没有摸清楚行情。由此可见，"货比三家"这条策略的重要性了。

谈判准备得越充分，对自己越有利，进行谈判时的胜算就越大。

尼克松是美国的总统，当时基辛格是美国国务卿，两人一起访问日本。尼克松总统在参观日本京都的二条城时，曾询问日本的导游小姐大政奉是哪一年？那导游小姐一时答不上来，基辛格立即从旁插嘴："1867年。"由此可以看出，在访问日本前，基辛格已做好了充分的准备，研究过日本的情况以备不时之需。

在行动前，美国人总要了解清楚目标方向，不贸然行动，他们也十分注重商业谈判技巧。所以，他们的生意成功率较高。美国商人在任何商业谈判前都先做好周密的准备，广泛收集各种可能派上用场的资料，甚至对方的身世、嗜好和性格特点。这样，即使他们处在何种局面，都可以从容应付。

日本人有丰富的谈判经验，素有"圆桌武士"之称，谋略高超。美国人在强大对手面前不敢掉以轻心，组织精干的谈判班子，对国际行情做了充分了解和细致分析，制订了谈判方案，对各种可能发生的情况都做了预测性估计。美国人尽管做了各种可能性预测，但在具体方法步骤上还是缺少主导方法，对谈判取胜没有十分把握。报价过高会吓跑对方，报价过低又会使对方占了便宜而自身无利可图。

一家美国公司与日本公司在洽谈购买国内急需的电子机器设备时就发生过这样一件事情。

按国际惯例，谈判开始后由卖方首先报价。报价不是一个简单的技术问题，它有很深的学问，甚至是一门艺术：日本人对报价极为精通，首次报价1000万日元，比国际行情高出许多。日本人这样报价，如果美国人不了解国际行情，就会以此高价作为谈判基础。根据历史依据日本人曾卖过如此高价，如果美国人不接受此价，他们也有辞可辩。

事实上，美国人事前已经了解过国际行情，知道日本人在试探，就一口拒绝了对方的报价。日本人采取迂回策略，不再谈报价，转而介绍产品性能的优越性，用这种手法支持自己的报价。美国人旁敲侧击，不动声色地问："贵国有几家公司生产此种产品，贵产品在哪些地方优于德国和法国的产品？"

这样的提问就说明美国人有充分的选择权，他们充分了解产品的情况，不仅是日本，其他国家生产的同类产品，他们也都做了详细的了解。日方主谈人充分领会了美国人提问的含意，故意问他的助手："我们公司的报价是什么时候定的？"这位助手也是谈判的老手，极善于配合，于是不假思索地回答："是以前定的。"

"现在时间隔太久了，我们也不知道价格变动没有，得先请示总经理。"主谈人回答道。

至此，美国人宣布休会，给对方以让步的余地，因为他们知道此轮谈判不会有结果。最后，日本人认为美国人是有备而来，在这种情势下，为了早日做成生意，不得不做出退让。

美国人的经商法则就是"准备充分后，才能开始做交易。"在经商过程中，如果遇到不懂的问题，美国人会问到自己彻底弄清楚以后才善罢甘休。在商业谈判中，美国人要问就问个水落石出的个性，彻底地被表现出来了。

克莱斯勒是美国汽车业"三驾马车"之一的汽车公司，是美国第十大制造企业，他们公司拥有近70亿美元的资金。但自进入20世纪70年代以来该公司却屡遭厄运，从1970年至1978年的9年内，竟有4年亏损，其中1978年亏损额达2.04亿美元。在此危难之际，亚科卡出任总经理。亚科卡为了维持公司最低限度的生产活动，请求政府提供贷款担保，并给予紧急经济援助。

但是，美国社会由此而引起了轩然大波，社会舆论都说：赶快倒闭吧，克莱斯勒。按照企业自由竞争原则，政府绝不应该给予经济援助。最使亚科卡感到头痛的是国会为此而举行了听证会，那简直就是在接受审判。委员会成员坐在半圆形高出地面八尺的会议桌上俯视着证人，而证人必须仰着头去看询问者。威廉·普洛斯迈是一位参议员、银行业务委员会主席，他质问道："如果保证贷款案获得通过的话，那么政府对克莱斯勒将介入更深，而与你一向长期鼓吹要自由企业的竞争，不就自相矛盾了吗？"

亚科卡回答："我一直都是自由企业的拥护者，你说得很对。我是极不情愿来到这里的，但我们目前的处境进退维谷，除非我们能取得联邦政府的某种保证贷款，否则我根本没办法去拯救克莱斯勒。"

他接着说："其实，克莱斯勒的请求贷款案并非首例，相信参议员们都清楚。事实上，你们的账册上目前已有了4090亿美元的保证贷款，因此务请你们通融一下，不要到此为止。克莱斯勒是美国的第十大公司，它关系到60万人的饭碗，请你们为克莱斯勒争取到4100万美元的贷款吧。"

亚科卡还指出如果克莱斯勒倒闭了，日本汽车就会乘虚而入，职员们就成了日本的佣工。根据财政部的调查材料，如果克莱斯勒倒闭的话，国家在第一年里就得为所有失业人口花费27亿美元的保险金和福利金。所以他向国会议员们说："各位眼前有个选择，你们愿意现在就付出27亿呢，还是将它一半作为保证贷款，日后并可全数收回？"面对说得这么有道理的亚科卡，国会议员最终同意了，贷款获得通过了。

可以想象，亚科卡为了这次谈判博弈，做了多么充分的准备工作，这样才能获得最后的成功。他调查了政府所发放的保证贷款，搜集了财政部的调查资料，找到了为赢得贷款所需要的一切论证。当他拿出这些有利证据时，政府委员已经失去了讨价还价的主动权。

想要在职场游刃有余，要想最大限度地维护公司或自己的经济利益，在事前一定要做好充分准备。没有充分准备的交易往往只能带来灾难性的后果，俗话说：磨刀不误砍柴工，做交易也同样如此。

▶▶ 透视对手底牌的10个策略

在生意场上，要防止对手翻看自己的底牌，还要想办法摸清对手的底牌，这样才能在谈生意中占得主动，这才是真正的"知彼"。我在这里介绍一种透视法，注意，我所说的透视，并非用眼睛去看，而是用几种类似于透视的办法，来达到洞察对手底牌的最后目的。

下面有10个策略可以让我们很好地"透视"对手的底牌。

★ "错误"策略。卖主为了能够卖出东西，经常以很低的价钱吸引顾客前来，而顾客真要买的时候，卖主会说："对不起，现在价格要重新审定，因为先前的估价有错误。"

★ "提高品级"策略。卖方为了要赚得更多的钱，得知道买主有多少预算，比如停放"雪佛兰"车型的场地，询问买主对"奔驰"车有没有兴趣。

★ "降低品级"策略。一般的买主不知道卖方能接受的价钱是多少，可以先告诉卖方，他在考虑买一种品级较低的产品，然后再用这种较低的价位去试探卖主，看卖方能不能以这个价格卖给他品级较高的产品。

★"步步高升"策略。卖主在谈好价之后经常会反悔，这时，他会说他深思熟虑后认为应该将售价提高。

★"心有余钱不足"策略。买主还可以这样表示，因为预算有限，虽然想买下卖方的产品，但只是无能为力。所以，卖方会开始提供别的办法，来做成这笔生意。

★"调解"策略。如果买卖双方都做出最后的让步，但还是没有达成协议，甚至已经陷入僵局。这时候，运用仲裁从中调解，或许能使谈生意重现生机。

★"卖不卖，不卖拉倒"策略。买主可以提出这种条件来试探卖方的反应。

★"礼尚往来"策略。双方都在僵持时，买方可以提出一个让步方案，卖方可能会因此"礼尚往来"。如果卖方果真依计让步的话，买主就会从较低的价位开始和卖方谈生意。

★"二选一"策略。比如在买画时，两幅画一起卖的价格是800元，如果仅买一幅，价格就变成500元。于是，买主询问对方，两幅才800元，这幅是500元，那另一幅300元，你卖不卖？

★"单刀直入"策略。当以上办法全都不行时，可以采用"单刀直入"法。事实，不少人对"你来我往"、"讨价还价"缺乏耐心，所以他宁愿直截了当告诉你底价，至于你接不接受，那是另外一回事。

因此，要操控谈判的全局，就必须掌握透视对方底牌的诀窍。

由于惯性，人们在反复做某项工作时，会根据形成一定的模式，而产生思维定式。所以，某些谈判老手往往可以据此猜到对方可能提出的要求，以及对方对其提议所持的态度。如此，谈判的主动权就会落在他的手中。如果你在谈判博弈时发现对方对你的思路比较熟悉，你最好是动动脑筋，采取一定的策略来设法弥补这一劣势。比如，你可以趁休会之机，找一个可以替代你的谈判者登场，这很可能会使对方大吃一惊。因为对方不知道新的谈判者与前一个谈判者相比，是不是很难对付，新的谈判者其谈判手法如何，这样，会给对方产生很大的压力，甚至将对方自动瓦解掉。

其实，还有一种谈判艺术就是更换谈判者，它可以借此摸透对方真正的意图。就以美国史考乐斯三兄弟为例吧，他们善于运用谈判中途更换谈判者的谈判艺术，而且效果颇佳。

史考乐斯家庭的三兄弟在共同经营着一家公司，他们在公司中各司其职，把公司经营得十分好。同样，在与对手谈判时，他们会在不同的阶段登场。通常都是老三第一个上场，提出非常强硬的条件，待双方争执不下，谈不下去的时候，史考乐斯一方便提出暂停会议。当谈判再次开始时，一旁观阵的老二便出场。这时，老二根据刚才对方的态度和目标，从中找出对方的漏洞，与对方较量直到对方无力应战之际，才换老大登场。

老大通过前两个回合的较量，再根据自己观察到的一切，几乎已经摸出了对方的底牌。因而要不了几个回合，对方往往会迫于心理上的巨大压力而做出让步，并在合约上签字。

试想，如果你是史考乐斯家庭的三兄弟的对手的话，应该怎样应对呢？

首先，一定要保持冷静的头脑，面对新的谈判者不能乱了阵脚。不妨把优先发言权让给对方，让他先发表意见，你可借此来摸清新谈判者所持的态度，然后你再在此基础上提出自己的要求；如果新登场的谈判者不再理会刚才谈的议题，而刚才所谈的议题对你来说又非常重要时，你一定要坚持讨论旧的议题，这样，对方很可能会回过头儿来再议原话题；不要将精力投放于旧的争执点上，否则，只会把事情弄僵，也许换个角度来讨论会收到较好的效果；事实上，对方换人这一做法，无疑是在向你传达这样一个信息：他要改变目前的谈判状况。如果要摸清对方的底牌，不妨提出一项新的方案，来试探对方的真实意图。

▶▶ 谈判制胜，攻心为上

在前文有关分冰激凌蛋糕的故事中提到，蛋糕很可能在你与对方讨价还价时已经开始融化了。而随着蛋糕的融化，你和对手所能获得的将会越来越少，最终演变成了双输的局面。

我们现在要解决的是，如何确保自己的最大利益，又快速解决问题呢。抓住对手的心理底线，才是关键。在谈判历史上，通过抓住对方心理，迅速"搞定"对方的经典案例举不胜举。

其实，众所周知的巴拿马运河并不是由美国最早开凿的。19世纪末，一家法国公司跟哥伦比亚签订了合同，打算在哥伦比亚的巴拿马省境内开一条连通大西洋和太平洋的运河。主持运河工程的总工程师就是因开凿苏伊士运河而闻名世界的法国人雷赛布，他自以为这一工程不在话下。但是，巴拿马环境大大不同于苏伊士当时的环境，由于前期准备不足，工程进度很慢，公司陷入了窘境，同时资金也短缺了。

早在1880年，美国就想开一条运河来连贯两大洋。由于法国先下手与哥伦比亚签订了条约，美国十分懊悔。

法国公司的代理人布里略在这种形势下决定访问美国，并以一亿美元的价格兜售巴拿马运河公司。美国早已对运河公司垂涎三尺，知道法国拟出售公司更是欣喜若狂。然而，美国却故作姿态，罗斯福指使美国海峡运河委员会提出报告，证明在尼加拉瓜开运河省钱。报告指出，在尼加拉瓜开运河的全部费用不到2亿美元。虽然，开凿巴拿马运河的直接费用只有1亿多，但是，还要再付出1亿5千多万美元来收买法国公司。

看到这个报告后，布里略大吃一惊。如果美国不开巴拿马运河，法国不是一分钱也收不回了吗？于是他马上游说，表明法国公司愿意削价，只要4000万美元就行了。聪明的美国通过这一方法，少花了6000万美元。

罗斯福又用了同一计策，来对付哥伦比亚政府。他指使国会通过一个法案，规定美国如果能在适当时期内同哥伦比亚政府达成协议，将选择巴拿马开运河，否则，美国将选择尼加拉瓜。

这样一来，哥伦比亚驻华盛顿大使就坐不住了，立即与美国国务卿海约翰签订了一项卖国条约。同意以100万美元的代价长期租给美国一条两岸各宽3公里的运河区，美国每年另外付租金10万元。

我们可以看出，在这个过程中，美国政府利用以退为进，成功地把握住了对手的心理底线，用极低的价格达到了自己的目的。

说白了，公关谈判就是一场心理战术，想要事半功倍，就一定要把握好对手的底牌。在很多时候，如果能够抓住对方心里最容易被打动的地方是能够成功公关的关键。

小王在一家营销公司担任公关经理一职，小王的公司是非常看重一单和市里一家著名的大企业合作的生意，该企业的老板姓梁，小王就是要让梁老板把钱投资到他的公司。开始的时候，事情进展得并不顺利，因为梁老板觉得这家公司是一家小公司，不愿把钱投到这里，小王从多方打听，得知梁老板是从农村一步步打拼出来的，对于家乡的老母亲感情非常深，但是由于工作非常繁忙，已经很长时间没有回家看望母亲了。小王决定到梁老板的老家跑一趟，以梁老板的名义带去了些礼物，并把老人家的生活状态拍了下来，回到市里，小王找到了梁老板，当梁老板看到了母亲的录像时，眼睛湿润了，小王知道自己这次触动了梁老板心里的那根弦。梁老板看到小王这么用心，决定把钱投资到他们公司。小王在多交了一个朋友的同时，还得到了上司的赞赏，并胜利地完成了自己的任务。

谈判能力能反映一个人综合素质，善于谈判的人一定善于读懂别人心理，而且还善于把握机会。在销售谈判上，触动别人心底取得销售成功的做法，更是值得借鉴，有的时候你甚至不需要费太多口舌。

乔·杰拉德是著名的"推销之王"，他深谙此道，他给人们讲述了这样一次成功的销售经历。

我记得有一天，有一位中年妇女走进我的展销室，她说只想在这儿打发时间，就看看车而已。她说她想买一辆福特，可大街上那位推销员却让她一小时以后再去找他。另外，她告诉我她已经打定主意买一辆白色福特轿车，就像她表姐的那辆。她高兴地对我说："今天是我55岁生日，我要给自己送一份生日礼物。"

我立即对她说："夫人，祝您生日快乐。"然后，我找了一个借口说要出去一下。等我返回的时候，我对她说："夫人，现在，请允许我向您介绍我们一辆白色的雪弗兰轿车。"

大约20分钟后，一位女秘书递给我一打玫瑰花，这是我刚才出去订的。我把花送给了那位妇女。"祝您生日快乐，尊敬的夫人。"我说。

顿时，她眼眶湿润了，感动地说："已经很久我没有收到过花了。"闲谈中，她对我讲起她想买的福特。"那个推销员真是差劲！我猜想他一定是因为看到我开着一辆旧车，就以为我买不起新车。我正在看车的时候，那个推销员叫我等他一会儿，说要出去收一笔欠款。所以，我就来您这儿看车了。"

乔·杰拉德在这次销售中，还能改变已经选定车型的女士的决定，是因为他通过送花的方式打动了她的心理，从而销售了自己的车。换个角度想，假如杰拉德只是向这位女士介绍自己的产品，能够打动她么？

▶▶ 巧设迷局，请君入瓮

一个在谈判中经常使用的技巧是"巧设迷局，请君入瓮"，这个技巧的好处是能通过它改变我们处于劣势的局面，从而实现胜利。

下面是一个聪明的推销员的故事。

阿里森在一家电器公司做推销员。一次，他到一家公司去推销电机。

前不久，这家公司刚从阿里森手中买过一台电机，但是，他们使用不当，造成了电机的温度过高不能运行。所以，这家公司的总工程师一看到他就不客气地说："阿里森，你不想让我多买你的电机吗？"阿里森在仔细地了解了情况之后，发现总工程师的说法是不正确的，但他没有强行辩解，而是决定以理服人，让客户自己改变态度。"我的意见和你的一样，斯宾塞先生。你们如果按照说明书使用那电机的话，它要是再发热过高，我给你们全额退款。"他微笑着对这位总工程师说。

"电机是当然会发热的，但是，它的温度是不应该超过了全国电工协会规定的标准吧。"对方又一次地作出了肯定的回答。

听完对方的回答后，阿里森接着问斯宾塞："按标准，电机的温度可比室温高72F，是吗？"

斯宾塞说："是的，但是你们的电机热得让人无法用手摸，它已经高出了这个指标许多。"阿里森没有回答这个问题，而是反问道："贵公司车间的温度是多少？"斯宾塞想了一下，说："大约是75F。"阿里森听了，点点头，恍然大悟说："这就对了，车间的温度是75F，加上应有的72F，一共是140F左右。请问，要是你把手放进140F的热水里，会不会把手烫伤呢？"对方不情愿地点点头。

"其实，你们大可放心，那热度是正常的，只要注意以后不要再用手去摸电机。" 阿里森趁热打铁地说。

就这样，阿里森善于观察，通过自己的扎实的专业知识，改变了对方原来的观点，消除了对方心里的疑虑。最后，阿里森在这场谈判中不仅取得了成功，而且还顺带做成了一笔生意。

我们不难从这个案例中看出，与人谈判时，要从巧布迷阵出发，借以给对手指示某种具有一定的诱惑力的虚假的动向或信息。其目的就在于搜索到对方更多有价值的信息，从而掌握谈判的主动权，达到"请君入瓮"的目的。

谈判者在商务谈判中，还要学会如何应用虚实结合、巧布迷阵的策略。施放各种烟幕弹，干扰对方的视线，将对方引入迷阵，从而掌握谈判的主动权，改变对手的谈判态度，取得谈判的胜利。

今年，魏德曼先生已经60岁出头了，但他仍然活跃在商业界。他打算从日本引入一套生产线，双方在斯图加特开始谈判。在进行了8天的技术交流后，谈判进入了实质性阶段。日方代表发言："我们经销的生产线，由日本最守信誉的3家公司生产，具备当今先进水平，全套设备的总报价是330万美元。"日方代表报完价后，漠然一笑，摆出了一副不容置疑的神气。魏德曼先生掷地有声地说："据我们掌握的情报，我的朋友史璜先生从贵国某某会社购买的类似设备比贵方开价便宜50％，而这两个设备的功能没有任何差异，所以，贵方请重新出示价格。"

日方代表听了魏德曼的发言，面面相觑，就这样首次谈判宣告结束了。

日方在离开谈判桌后，把各类设备的开价列了一个详细的清单，报出的总价在第2天跌到230万美元。经过双方激烈的争论，总价又压到了180万美元。至此，日方表示价格无法再压。双方在随后长达10天的谈判中，共计谈崩了30次，但并没有达成一致。

魏德曼先生回想整个谈判过程，苦苦思索着："签约的时候是不是到了？"前一段时间基本上是日方漫天要价，自己就地还价，处于较被动的状态，如果让对方认为自己是抱着"过了这个村就没有这个店"的心态与他们进行压价谈判，要想让他们让步则难如登天。经过一番冥思苦想后，魏德曼先生计上心来，利用虚虚实实的手段假装和另一家公司做了洽谈联系。日商发现魏德曼先生的这一小小的动作后，立即主动要求将价格降到170万美元。

这个价格单从报价来看，已经是相当地不错了。但魏德曼先生了解到当时正有几家外商同时在斯图加特竞销自己的生产线，魏德曼认为，对方还会再做出进一步的让价，只要自己把握住这个有利的时机。

双方在谈判桌上的角逐呈现白热化状态。

日方代表真的生气了："魏德曼先生，我们几次请示东京，并多次压价，从330万美元降至170万美元，比原价降了48.5%，可以说做到了仁至义尽，而如今你还不签字，你也太无诚意了吧？"他们说完后，把文件夹一下就甩在了桌子上。

魏德曼先生说："先生，我想说的是，你们的价格和你们的态度，这些我都无法接受！"说完后，同样气呼呼地把文件夹甩在桌上。由于魏德曼故意没有夹好文件夹里的文件，经这么一甩，文件夹里西方某公司的设备资料撒了一桌子。

看到桌上的资料后，日方代表大吃一惊，拉住魏德曼先生的手，急忙满脸赔笑说："魏德曼先生，我的权限只能到此为止，请容我请示之后，再商量商量。"

魏德曼说："请你转告贵会长，我们对这样的价格不感兴趣。"说完后，转身便走。

最后，双方以160万美元成交。

在此次谈判博弈中，魏德曼能够获得成功的奥秘就在于他利用了诡诈谋略，使日方代表慌了手脚，把日本人引入自己设置的迷宫，使之最终败下阵来。

▶▶ 妥协也是一种大智慧

　　谈判和妥协这两个词是牢不可分的。例如在市场上，买家与卖家经过讨价还价，最终以双方的妥协而成立。在国际冲突中，如果大家都能退让一点，冲突和纠纷还能解决不了么?

　　不过，在一些人的眼中，妥协代表了软弱和不坚定，要显示出英雄本色，只有毫不妥协。但是，这种非此即彼的思维方式，实际上是认定人与人之间的关系是征服与被征服的关系，没有任何妥协的余地。在现实生活中，人与人之间的关系逐渐由依赖与被依赖的关系，转向相互依赖关系。就说买东西吧，过去东西短缺，买家只能求着卖家，于是价格自然是铁价不二，没有任何商量余地。但现实不同了，市场经济下所形成的买方市场，买家与卖家的关系变为相互依赖，使得讨价还价流行开来。如果不肯在这种情况下妥协，不仅失去生存与发展的机会，最后还会成为失败者。

　　妥协并不是软弱和不坚定，也不是要放弃原则，更不是一味地让步。应当区分明智的妥协和不明智妥协。明智的妥协是一种适当的交换。为了达到主要的目标，可以在次要的目标上做适当的让步。这种妥协并不是完全放弃原则，而是以退为进，通过适当的交换来确保自身要求的实现。相反，不明智的妥协，就是缺乏适当的权衡，或是坚持了次要目标而放弃了主要目标，或是妥协的代价过高，遭受不必要的损失。因此，只有掌握明智的妥协这一种高超的让步的艺术，才能给自己带来更大的收益。

　　2004年4月21日，第15届中美商贸联委会在华盛顿仅用了4个半小时，就完美地完成了会谈，不仅签署了八项协议和换文，还就美国对华高科技出口以及知识产权保护等重要议题达成共识。双方均称赞这次中美商贸联委会取得了"圆满成功"，美国商务部长埃文斯则称这次会谈是中美关系发展史上的"里程碑"。而事实上这的确是一次十分成功的合作会谈。

如果没有谈判双方的妥协，是完成不了一次成功的谈判的，当然这次会谈也一样。在这次会谈的过程中，中国代表表现出了友好协商、共同合作态度，而中国持这种态度实际上是采取了一种"退一步，是为了进两步"的战略，暂时的妥协是为了更长远利益的实现，局部的让步是为了整体利益的平衡。从美国贸易代表办公室公布的双方谈判结果来看，中方做出了不少重大让步，如中国承诺无限期延长原定在2004年6月1日强制实施的无线局域网加密标准的实施时间。中国作为世界上最大的发展中国家，在这些方面做出让步和妥协是十分必要而且也是非常值得的。因为，中国要用比较低的成本学习和率先模仿他国的技术的基础上，才能迅速发展出自己的高新技术，如果没有在这次会谈上做出妥协，那么高新技术发展在以后就会受到很大的阻碍。

中国除了在实施无线局域网加密标准的日期上做出了许多让步，还在保护知识产权方面做出了重大妥协。这些让步使得这次会谈达成了一项重要协议，即中国承诺在2004年底以前，将把更多的知识产权侵害列入刑事处罚调查之中，其中包括进口、出口、销售盗版产品，甚至网络盗版也将被列入刑事处罚。过去，美国经常抱怨中国在知识产权保护方面的力度不够，现在中国的这些做法显然让美国看到了中国人的决心和合作诚意。面对中方做出的这些让步，美方也同意在知识产权的作价上适当考虑中国市场的承受能力。这就意味着西方发达国家的公司有可能适当降低知识产品的售价，扩大同中国公司技术合作的范围和深度，以利于中国消费者以比较合理的代价来学习和使用这些知识产品，最终通过合理价格扩大知识产品的市场。中国同所有西方发达国家在中美双方达成这项协议后会有更加深入和广泛的合作，中国知识产权环境可以得到更好优化，而且发达国家知识产品的市场开拓和推广也有了更多的渠道。

还有，中国还利用了"退一步，进两步"的积极妥协战略，来获得美国对华高技术出口管制的放宽，中美双方会因为这些相关协议的生成更加深战略伙伴的关系。这次会谈双方还建立了"高技术最终用户访问"机制，这大大促进了双方的贸易增长。早在2003年底中方就已经采购了波音飞机等大宗美国产品，但若要达到贸易的动态平衡，则需要美国增加对华高科技项目和产品的出口。美国方面过去心存疑虑，担心出口高科技项目到中国后的非民用用途。这次的举措则消除了所有疑虑，大幅度增加了美国公司对华的高科技出口，提高了美国的对华贸易额，弥补了贸易逆差，增加了国内就业，刺激了美国经济增长。由此看来，双方要实现长远的利益，还多亏中美双方"高技术最终用户访问"机制的建立，在这方面中美双方也更易实现合作双赢。

如果双方的长远利益能在妥协中体现出来，那不如大家都退让一步吧。也许从眼前或局部来看，妥协是一种付出，但这种付出是为了更长远、更重要的收获。这种付出是一种获取利益的科学战略，绝对不是损失。

在双方意见不一致，僵持不下时，从争取利益的角度看，妥协虽然不是最好的方法。但在没有更好的方法出现之前，它却是最好的策略。为什么呢？因为妥协具有以下优点。

1. 妥协可以避免时间、精力等资源的继续投入。

当胜利不可得并且资源可能日渐消耗殆尽时，不妨利用妥协来停止消耗，给自己一个喘息、一个调整的机会。也许你会认为，强者不需要妥协，因为他资源丰富，不怕消耗。理论上是这样子，但问题是，当弱者以飞蛾扑火之势咬住你时，强者纵然得胜，也是损失不小的惨胜。所以，即使是强者也不怕妥协，任何人都可能需要妥协。

2. 你可以借妥协的和平时期，来扭转不利的劣势。

对方力不从心，需要喘息时才会提出妥协，说不定他正在打算放弃这场博弈。如果是你提出，而他也愿意接受，并且同意你所提的条件，表示他也无心或无力继续这场博弈，否则他是不可能放弃胜利的果实的。因此，你便可以利用妥协创造的和平的时间和空间来扭转形势。

3. 通过妥协可以维持自己最起码的存在。

一般情况下，妥协是附带条件的。如果弱者主动提出妥协，即使要付出相当高的代价，但却能换得存在。存在是一切的根本，因为没有存在，就没有明天，没有未来。也许这种附带条件的妥协对你不公平，让你感到屈辱，但用屈辱换得存在，只有存在了，就会有反败为胜的一天。

Chapter 9

懂得选择，学会放弃
——决策中的经济学诡计

　　为了获得利益，采取了一些措施，但是后来发现我们陷入了一个尴尬的境地，慢慢地我们不再希望获利（因为根本就不能获利），这时候开始努力减少损失！这就是一个典型的决策经济学。在这种骑虎难下的境地，该如何做出正确的抉择？

选择体现智慧——沉没成本

如果买的一只股票股价下跌，为了减少损失，在这个价位再买进，即股民所谓的"摊平"，但是，随后它又下跌了……你再次购买的本意是减少损失，可是却越陷越深。博弈论专家经常将这种困境中的博弈称之为协和谬误。

在没有100%胜算的把握下，对协和谬误的博弈来说，明智的选择是及早退出。

英国和法国政府在20世纪60年代联合投资开发大型超音速客机，即协和飞机。开发一种新型商用飞机可以说是一场豪赌。单是设计一个新引擎的成本就可能高达数亿美元，想开发更新更好的飞机，实际上等于把公司作为赌注押上去。政府为了给本国企业谋求更大的市场，难免也会被牵涉进去。

该飞机不仅机身大，而且里面的设计极其豪华，速度还非常地快。但是，英、法政府发现：继续投资开发这样的机型，花费会急剧增加，但这样的设计定位能否适应市场还不知道；而停止研制将使以前的投资付诸东流。随着研制工作的深入，他们更是无法作出停止研制工作的决定。协和飞机最终研制成功，但因飞机的缺陷（如耗油大，噪音大，污染严重等），成本太高，不适合市场竞争，最终被市场淘汰，英、法政府为此蒙受很大的损失。英、法政府如果在这个研制过程中，及早放弃飞机的开发，损失会减少很多。

不久前，英国和法国航空公司为了从这个无底洞中脱身，终于宣布把协和飞机从民航市场退出，其实，这是一种无奈之举。

人们在工作和生活中，同样也会陷入相同的误区：一项工作的成本越大，对它的后续投入就越多。比如，女孩子喜欢买衣服，很多女孩买了一件不错的上衣之后，往往不会收手，发现自己没有合适搭配这件上衣的裤子，于是就继续投入，到商场里购买可以搭配的裤子。当上衣和裤子都准备好的时候，女孩子还会觉得自己的鞋配不上这套衣服，于是又去买鞋。当鞋子买好之后，可能女孩还会为这一身"行头"配个新包，于是又一大笔钱花了出去。算下来，一件衣服引发的购物超出了工资，于是"月光公主"诞生了。其实，正是因为女孩子忽视了购物的成本，而陷入了协和谬误的博弈中了。

我们在经济学上把那些不可回收、已经发生的支出（如时间、金钱、精力）称为"沉没成本"。这个意思就是说，你在正式完成交易之前投入的成本，一旦交易不成，就会白白损失掉。

前面中提到的股民，最后如果将自己的股票退市，那么他先前的投入就是沉没成本。由于退出研发，在协和飞机上付出的经费，也变成了沉没成本。如果女孩子们最后买的衣服和饰物被放到衣柜里"雪藏"，这样并不会产生期望的效果，那些购买开销也是沉没成本。

沉没成本从理性的角度来说不应该影响我们的决策，但是，挽回成本的心理作用往往在博弈中让人做出非理性的决策，从而导致更大损失。

由于之前不准确的预见性的决策，在企业运营中往往会导致协和谬误困境的出现，在这种情况下，及时放弃是明智的选择。

现在我们假设，你是正在进行一个新的止痛药开发项目的一家医药公司的总裁。据你所知，另外一家医药公司已经开发出了类似的止痛药。通过那家公司止痛药在市场上的销售情况可以预计，如果继续进行这个项目，公司有将近90%的可能性损失500万，有将近10%的可能性赢利2500万。到目前为止，项目刚刚启动，还没花费什么钱。产品从现阶段到真正研制成功，并可以投放市场还需耗资50万，照这样看，你是否会把这个项目坚持下去？

10％的可能性会赢利2500万，90％的可能性会损失500万，而且还没有任何投资，一般情况下，正常人会放弃该项目。

再来看一个类似的假设。

同样，你是这家医药公司的总裁，你们已经投入了500万元在这个新的止痛药开发项目上。只要再投50万，产品就可以研制成功、正式上市了。成败的概率与上述案例相同，你会把这个项目坚持下去还是放弃？

不包括已经投入500万，上述两个问题是完全一样的。既然已经懂得了沉没成本误区，我想你对以上的2道题应该会做出一致的决定。

但是，如果问老板他们会怎样处理这个问题，对第2题，绝大多数会坚持继续投资。他们认为已经投了500万，再怎么样也要继续试试看，说不定运气好可以收回这个成本。殊不知，他们将有90％的可能性收不回原有投资，还得再赔上50万。

如果在投资时，发现这是错误的，应该尽早回头，切不可错上加错，因为顾及沉没成本，而又投入了更多的资本，这是投资时一定要注意的。事实上，这种为了追回沉没成本而继续追加投资导致最终损失更多的例子比比皆是。有时，在明知项目前景暗淡的情况下，许多公司依然苦苦维持，仅仅是因为在该项目上，他们已经投入了大量的资金，即沉没成本。

铱星是摩托罗拉众多项目中的一个，它是一个关于沉没成本谬误的典型例子。摩托罗拉为这个项目投入了大量的成本，后来发现这个项目并不像当初想象的那样乐观。可是，公司的决策者一直觉得已经在这个项目上投入了那么多，不能半途而废，所以仍苦苦支撑。但是，后来这个项目被众多事实证明是没有前途的，摩托罗拉不得不结束铱星项目，接受这个事实，他们也为此耗费了大量的人力、财力、物力。

▶▶ 选择长痛还是短痛

现实经济中，有不少投资项目会陷入协和谬误困境，行情会在已经投资很多的情况下急转直下。到底是继续投资还是决然退出，总是令投资决策者左右为难。实际上，一个理性的经济人在做出决策的时候，总是要涉及"沉没成本"和"机会成本"。然而，现实中由于决策者思维的错位，会混淆这两种成本，做出不利的选择。

当你不知这场电影是否符合你的品位的前提下，买下一张电影票，你已经支付了成本。接下来，当电影开始几分钟之后，你不情愿地发现你对电影的情节并不感兴趣。毕竟你花了钱，也不可能退票了。

此时，你只有坚持看完或毅然离开这两个选择。如果你选择了前者，必然是基于以下考虑：既然已经花钱买了票，如果不看岂不是可惜？果真如此，那可就是大错特错了。勉强看一场你并不喜欢的电影带来的只能是负效用。不仅如此，你选择在这场电影上浪费时间的同时意味着你放弃了利用这段时间工作赚钱或是享受闲暇的机会，这，便构成了看电影的机会成本。正因为这样，选择看电影的全部损失，应当是电影票的成本加上机会成本。然而，如果你选择放弃，那么你的损失就会控制在电影票的成本这一项。由此可见，在进电影院之前，已经确定电影票的成本是要花费了的，这与电影是否好看是没有关系的。也可以这么说，沉没在冰山之间的泰坦尼克号就如同沉没成本一样。

不仅英、法两国在研究协和飞机陷入了沉没成本的困境，在中国也发生过类似的例子。

2000年8月，中国航空工业第一集团公司决定今后不再让民用飞机发展干线飞机，而用来发展支线飞机。这一决策立时引起广泛争议。

在1992年，该公司与美国麦道公司签订合同，决定合作生产MD90干线飞机。1997年项目全面展开，1999年双方合作制造的首架飞机成功试飞，2000年第二架飞机再次成功试飞。

此时，MD90项目成功下马了。在各种支持或反对的声浪中，讨论的角度不外乎两大方面：一是基于中国航空工业的战略发展，二是基于项目的经济因素考虑。在这里不想就前一角度展开讨论，只有航空专家才在这方面最有发言权。从经济角度看，人们关于干线项目上马、下马之争，是"沉没成本"的最好案例。

该项目要投入数十亿元巨资、耗时六载、需要上万人奉献，这是许多人反对干线飞机项目下马的重要理由。在终尝胜果之际下马造成的损失实在太大了，这种痛苦的心情可以理解，但丝毫不构成该项目应该上马的理由。对于上马、下马的决策而言，不管该项目已经投入了多少资本，都会成为无法挽回的沉没成本。

事实上，"前景堪忧"是干线项目下马最终原因。从销路看，原打算生产150架飞机，到1992年首次签约时定为40架，后又于1994年降至20架，并约定由中方认购。但民航只同意购买5架，其余15架没有着落。可想而知，继续进行该项目，如果在没有市场的情况下，是没有未来收益的。

然而，许多不明就里的人对这个已经沉没了的成本还是难以割舍。他们把它当作"鸡肋"，食之无味而又弃之可惜。实际上要在决策时就予以考虑，沉没成本永远是决策的非相关成本，与其相伴随的机会成本才是决策相关成本。

决策的产生中，沉没成本和机会成本在其中起着微妙的作用，是因为机会成本是隐性的，不是现实的成本；而沉没成本却是人们看得见的，感受得到的，放弃它会有一种"割肉"的痛楚。成本沉没在水里着实令人感到可惜，然而伤心懊悔不是于事无补吗？还不如适时放弃，抓紧时间，创造更多的价值出来。

有一天，某知名教授在一次关于生活艺术的演讲中，拿起一个装着水的杯子，问在座的听众："猜猜看，这个杯子有多重？"

大家回答："40克"、"90克"、"110克"……

教授说："其实，我也不知它的重量，但可以肯定的是，拿着它一点不会累。现在，我的问题是：如果我这样拿着几分钟，结果会怎样？"

"不会有什么。"

教授再问："如果像这样持续拿着一个小时，结果又会怎样？"

一名听众回答："这时，胳膊肯定会有点酸痛。"

"说得对。如果我这样拿着一整天呢？"

另外一名听众说道："那样的话，胳膊肌肉没准会痉挛，变得麻木，说不定还要跑趟医院。"

"很好。那么，杯子的重量在这期间发生了变化吗？"

"没有。"

"那么拿杯子的胳膊为什么会酸痛呢？肌肉为什么可能痉挛呢？"教授顿了顿又问道："我不想让胳膊发酸、肌肉痉挛，那该怎么做？"

一名听众说："您把杯子放下不就好了吗。"

"是的。"教授点了点头，说道，"其实，有时我们在生活中遇到的问题就好比我手里的杯子一样。我们埋在心里几分钟没有关系。如果长时间地想着它不放，它就可能侵蚀你的心力。日积月累，你的精神可能会濒于崩溃。那时你就什么事也干不了了。"

从教授的这番话里，我们能看出另一层含义：如果你手中的成本正在逐渐增加，你越来越感到吃力的话，你应该及时放弃。放弃是很难接受的，但是，如果不放弃，你的身心则会更加痛苦。

▶▶ 舍卒保车的策略

从协和谬误中，我们还可以看出一个重要提示：我们面对小利和大利时，要做一个能够权衡利弊的人，学会放弃较小的部分，保全较大的部分。在面对困境时，我们也应该能做到牺牲局部，保全大局，这样才能够化险为夷。

美国野生动物保护协会的成员丹尼斯热衷于搜集狼的资料，为此他走遍了大半个地球，因而也见证了许多狼的故事。他在非洲草原就曾目睹了一个狼和鬣狗交战的场面，至今难以忘怀。

他在一个极度干旱的季节来到了非洲草原上，因为缺少水和食物，许多动物相继死去了。生活在这里的鬣狗和狼也面临同样的问题。狼群外出捕猎都统一由狼王指挥，而鬣狗却一窝蜂地往前冲，鬣狗仗着数量众多，常常从猎豹和狮子的嘴里抢夺食物。由于狼和鬣狗都属犬科动物，所以能够相处在同一片区域，甚至共同捕猎。可是在食物短缺的季节里，狼和鬣狗也会发生冲突。这次，一群狼和一群鬣狗为了争夺被狮子吃剩的一头野牛的残骸，相互撕咬，死伤惨重。但鬣狗的数量比狼多得多，鬣狗咬死了很多匹狼，它们争斗到最后时，只剩下一只狼王与5只鬣狗在对峙。

狼王在混乱中还被咬伤了一条后腿，它的力量与鬣狗相差悬殊。那条拖拉在地上的后腿，是狼王无法摆脱的负担。面对步步紧逼的鬣狗，狼王突然回头一口咬断了自己的伤腿，然后向离自己最近的那只鬣狗猛扑过去，以迅雷不及掩耳之势咬断了它的喉咙。其他4只鬣狗被狼王的举动惊呆了，都站在原地不敢向前。终于，在狼王怒视下，4只鬣狗拖着疲惫的身体离开了，因此狼王得救了。躲在草丛里扛着摄影机的丹尼斯吃惊地看着这一切。

狼王在危险来临时，毅然咬断后腿，就是为了在应付强敌时毫无牵累，这是值得我们学习的。人生中，拖我们后腿的东西很多，那就是患得患失、瞻前顾后、惊慌失措……如果不舍去了蝇头微利，就无法获取大的成功；只要能承受砍去无法救治的后腿的痛苦，就不会再有生命的危险了。

聪明的人，懂得为整体利益暂时放弃一些局部利益，他们会从大局着想。兵家、商家、职场人士无不知晓其中的道理，在人生的困难时期，若只知进，不知退；只知得，不知舍，试图处处得利，必会处处被动，整体失利，最终受其大害。

军事家们常说的舍卒保车，就是一种为大局着想的策略，凡是能成就大事的人都懂得放弃。为了谋求更大的发展，只有果断放弃眼前的某些利益。舍卒保车，是为了更好的拥有，忍不了一时之痛，又怎么成大材呢。

南宋初年，金兀术是金国四太子，他率兵南侵，岳飞领兵抵挡，在朱仙镇，两军会战。金兀术有位义子叫陆文龙，是金兀术自小调教的，武艺超群，对了几阵，几位宋将都败在他手下，岳飞只好挂出免战牌，思谋新计。

王佐原是杨幺的一位下属，他自从来到岳飞营后，一直在军中没有立过什么功劳。这天晚上，他突然来到岳飞帐中，说有破敌之策。岳飞大喜，忙问他计将安出。王佐说："那陆文龙本是我们大宋潞州节度使陆登的儿子。潞州失陷，金兀术杀了陆登夫妇，而把在襁褓中的陆文龙和乳娘带到北番养大。在下愿去番营说服陆文龙来降。"岳飞当然高兴，但转念一想，王佐怎么打入番营呢？王佐说："这个在下早已有计了。"说罢抽出剑来，一挥便砍下自己的右臂。岳飞赶忙制止，王佐已倒在血泊中。军医们纷纷上来给王佐包扎护理，待他醒来时对岳飞说了打入金营的办法，岳飞感动得热泪盈眶。

王佐在休养了几天后，趁着夜色又来到了金营。巡逻兵带他来见兀术，王佐痛哭流涕，说了一番劝岳飞识时务，不要跟强大的金国对抗，及早与金人讲和而激怒了岳飞，岳飞砍下了他的右臂等编造的故事，直说得金兀术动起情来，安慰了一番，收在帐下。金兀术见王佐已不能再打仗，就让他来当顾问，将士如果需要了解宋营情况，便可来问他。

王佐从小就饱读诗书，历史故事烂熟于心。金营诸将最爱打听中原历史，所以不时有人来召王佐去饮酒闲扯。

有一日，饮酒闲扯后，王佐便起身要回自己帐篷，途中，见一中原打扮的老年妇人，在晒衣服。王佐看看左右没人注意，便上前搭话，果然是陆文龙乳母。乳母把他请入帐中，询问宋国情形，表示出不忘故国之情。趁这个机会，王佐便问她日后有什么打算，妇人也不避讳，说自己还是想南归，于是王佐向妇人说出了自己的来意，两个人立即就定下计谋来游说陆文龙。

此后，在乳娘安排下，王佐常去陆文龙营中，两人也因此结为了朋友。一天，王佐带去一幅画，说要为陆文龙讲个精彩故事。陆文龙刚刚16岁，孩子气未退，自然十分高兴。讲故事前，王佐先让他看看那幅图画。陆文龙展开画，见上面画着一座官衙大堂，一位番将坐在堂上，堂前躺着一位宋将和一位妇人，皆已身首异处。另一位妇人抱着个孩子站在旁边抹眼泪，陆文龙看不出来个所以然，于是请王佐来讲述。

于是，王佐告诉陆文龙，金兀术入侵潞州时，杀死节度使陆登夫妇并抢走陆家公子陆文龙的故事。陆文龙一听，忙问："那小孩怎么与我重名？"王佐说："那小孩就是你，怎么不与你重名！不信，可问你乳娘，画上那位抱小孩的妇人，就是你现在的乳娘。"乳娘在陆文龙将信将疑的时候从帐后出来了，哭着讲述了当时的情况。

陆文龙听罢，又恨又气，恨只恨金兀术杀死父母，气只气自己全然不晓，认贼作父。

结果可想而知，在王佐的安排下，陆文龙便投奔岳飞了。岳飞得此猛将，大举进攻，把金兵打退了。

古往今来，成大事者必深谙"舍卒保车"之道。王佐舍己一臂，却为大宋得一猛将，为击退金兵打下了坚实的基础，可谓功不可没。

"舍卒保车"的现象经常在职场上和商场上出现，成功的上司、领导、企业家为了大利益，而不得不做出一些"相对"较小的牺牲，这样才能成功地博弈。即使你是一名普通员工，也要学会舍得，只有舍得小卒子，才能将着军！

▶▶ 拿得起就要放得下

一天早上，在实验课上，某位老师给同学们做了这样一个实验：做试验之前，老师什么话都没说就把一杯早已准备好的牛奶扫进了水槽，牛奶洒了，杯子也碎了。同学们非常不解地看着他，也看着水槽里的牛奶和碎片，老师大声地说："不要为倒掉的牛奶哭泣。我要你们记住这一课，倒掉的牛奶是收不回来的，我们能做的就是在牛奶撒掉之前防止这样的事情发生。现在牛奶洒了，杯子碎了，我们只有忘记这件事，投入到新的事情当中，世界上没有后悔药。"不要总是被无法挽回的事情影响你，只有把注意力集中到新的事情上，才会有新的机会出现，如果一味地后悔，只会损失更大。

"不要为打翻的牛奶哭泣"，这是人们从这个经典的故事中总结出的一句话。其意思是，损失已经造成，即使再怎么哭天抢地怨天尤人也于事无补，不如另寻他径，弥补已经造成的损失。

我们即使在单纯的环境里，也不妨"小心驶得万年船"，这样可以避免犯一些不必要的错误。但是，在纷繁复杂的商场中，任何一个企业家都不可能只靠着小心来赢得成功。经济环境的波动、政府政策的变化，以及竞争对手的行为让这个世界充满了不确定性。今天的决策看似大有可为，前途光明，明天就可能变得一文不值，反而成了个累赘。牛奶既然已经洒了，这已经成为事实了，此时即使哭泣也无法让牛奶再收回恢复成原来的样子。

殊不知，当我们为牛奶哭泣的时候，另一个赚钱机会刚好从你身边偷偷溜走了，你却浑然不知。

如果说你开始做的决策失败了，让你蒙受了损失，变成了地上的牛奶，我们无法控制，那么哭泣的决策使你错过了反击的机会，就完全是咎由自取了。

要知道我们是活在今天的，但是，很多时候，我们却总是对昨天频频回首，念念不忘。并不是说昨天与我无关，而是很多时候，为了自己能够生活得更好，不要总是对昨天念念不忘，不管昨天你是成功还是失败，都已成为过去式。虽然它会对你的今天和明天有所影响，但已不能成为最终的决定因素。所以，不如让我们尝试着忘记昨天，特别是不能为昨天哭泣。

今年，马克已经40岁了，人生的风风雨雨也经历了不少，但是，想起5年前的那场灾难，仍然心有余悸。马克从大学毕业事业就很顺利，在一个跨国企业干了4年之后，接近而立之年的他，想自己创一番事业，于是开始创业，开始的时候公司搞得还是红红火火，但是因为一次失误的投资，让他几近破产，那时候他心灰意冷，夜夜买醉，借酒浇愁，他的妻子试着去劝他，全然无用。他不仅不感激妻子的劝告，还对妻子发脾气，抱怨自己运气不好，那时，他几乎根本无法从那次失误的投资中走出来。

可以说，他是每天都在为昨天流泪，可是什么结果也得不到。妻子因为无法再忍受他的自暴自弃和对自己的冷眼相对，决定搬回娘家，离开他一段时间。

"妻子离开后，我才感觉到自己真的不应该再这样堕落下去了，那时候喝醉回家都没有人来照顾我了，那时我真的觉得对不起她。"马克后来跟朋友说起的时候，还是一脸愧疚的样子。"后来，我开始自己静下心来思考了，想再从头开始，正好自己也有个刚从海外回来的同学，要在国内创业，他先是把我骂了一顿，真是把我彻底骂醒了，他也给了我一个从头开始的机会。"经过几年的打拼，他又走上了事业的顶峰，而且也与妻子重归于好了。马克现在已经进入了不惑之年，现在的他家庭幸福，事业成功，丝毫看不出曾经的潦倒了。

如果说马克走不出昨天的失败，一直自暴自弃，那么注定他将在家庭和事业上永远都是失败的。

"拿得起，放得下"这句俗语体现出了同样的道理。然而，"放得下"并不是大家都能做到的，仍有不少人活在悔恨沉没成本中。每当人们想起以前发生过的事情，无论是亲人的离别、初恋的终结还是事业上的失败，都会感到痛苦。

其实，每个人的手中，最重要的是你正在度过的今天，既不是已经过去的昨天，也不是还未到来的明天。今天你的作为才是决定自己成败的关键，如果活在过去的阴影中，走不出来，成功永远都不会自己落在你头上。相反，如果甩掉昨天的包袱，用积极的态度去面对今天和明天，才有可能成功。

▶▶ 不要因为情感而耽误了前程

现代社会，似乎总有一幅幅风和日丽、欣欣向荣的财富画卷展现在我们面前，而一个个诗情画意、神乎其神的成功的故事也让我们激动不已。于是，在众多的致命诱惑面前，我们忘却了经济的一般规律，忘却了理性的分析和选择，忘却了沉没的成本，忘却了放弃，而任凭拥有和欲望的野马在陷阱密布的商界里纵横驰骋。

每个企业都希望自己能成为全国"五百强"企业，但是现如今，企业界的口头语就是做大做强。在不少场合和媒体，我们经常看到不少企业家饱含着对企业无限热爱和振兴民族经济的情怀，声情并茂地发誓：我们的企业要在3～5年或5～10年进入世界"五百强"，或者成为全国第一、亚洲第一或世界第一等等。我们丝毫不怀疑这些企业家的赤胆忠心，我们对他们充满着尊重和敬佩；我们也不认为进入"五百强"或成为"第一"有什么不好，相反我们认为中国的经济规模总量与中国企业进入"五百强"的数量不成比例，我们也因此而忧心如焚。我们唯一疑惑和担心的是这种"做大"情结会遮挡企业家犀利的眼睛，会骚扰企业家脆弱的理性，会煽动企业家忘乎所以的激情。在这种"做大"情结下面，一种盲目的战略选择暗流在悄悄涌动，而所谓的"低成本扩张"、"多元化经营"、"品牌延伸"等理论则成了企业家们进行战略决策的法宝。于是，一切便顺理成章地出现了：做洗衣粉的卖起了饮用水，做胃药的卖起了酒，做酒的也卖起了药，白色家电向黑色家电延伸，黑色家电向白色家电渗透……于是，20世纪90年代中期国内企业掀起一场旷日持久的收购、兼并、重组、合并浪潮，此起彼伏的跨行业、跨区域多元化扩张似乎成了企业成功的标志和途径。在这场带有"大跃进"遗风的跑马圈地运动之后，不乏成功的个案，但深陷泥潭、壮烈牺牲的企业却不计其数。这段欲望膨胀的历史故事如同发生在昨天一样，难道"五百强"和"第一"就意味着成功，意味着最好的么，那么在"五百强"和"第一"的背后是什么呢？

不管是谁都想挖到人生的"第一桶金"，每个人都渴望成功。改革开放的政策给无数具备企业家潜质的业界精英提供了英雄用武的舞台，凭着超人的悟性、过人的胆识以及非凡的智商、情商和财商，第一代中国企业家创造了一个又一个中国企业的神话和传说，延伸着一个又一个中国企业创业的奇迹和故事。在成功掘取"第一桶金"之后，有些企业家便自信地飘飘然起来。他们过分地相信自己的感觉、能力和判断，而忽视了今非昔比、一切都在变化之中；他们过分地依赖自己成功经验的总结和继承，过分地迷恋自己成功的往事和历史。一种个人英雄主义的崇拜在企业中蔓延开来：外国企业能干的我们也能干，而且比他们干得更好；别人能做得我们照样能做，而且比他们做得更成功。"人有多大胆，地有多高产"，这种非理性的意念和心理定势正在支配着企业中的每一个人。在一个所谓的项目可行性论证会上，即使有谁战战兢兢地提出："这恐怕不是我们的竞争优势，是否再进行一下市场调研？"在老总不屑一顾的目光中，这个人就成了胆怯保守、缺乏创新精神的落伍者。于是，一切后事在"锐意进取，开拓创新"的时代精神鼓舞下，理所当然地又开始了……

在企业里还存在着"赢家通吃"的情结，不管是什么企业都希望自己笑到最后，成为最后的赢家。企业取得成功之后，在"一招鲜吃遍天"的洋洋得意之中，便开始了无节制地甚至是无意识地并购与扩张，妄图通过复制微小的胜利来换取更大的成功。以一家肉制品企业为例，比较典型的模式：一种是上中下游通吃，理论依据是纵向垂直一体化战略。通吃上游办起了纸箱厂、塑料袋厂、彩印厂、饲料厂、养殖场等；通吃下游办起了运输公司、速冻食品厂、广告策划公司、直营连锁店等，一个跨行业的超大型企业集团诞生了。另一种模式是吃同类，理论依据是横向水平一体化战略，它购并了全国各地大大小小、半死不活的肉联厂，诞生了全国最大或产量第一的肉制品企业集团。这种"赢家通吃"情结的变异还表现为"你死我活"、"不当老大誓不休"的帝王霸气。于是，价格大战、广告大战、终端大战等至今仍在演绎，通过血淋淋的残酷竞争，人们对"商场即战场"这句话更加深信不疑了，在中国企业面前，即使一些国外百年跨国公司也心惊胆战，我们不禁想问"赢家通吃"的动力在哪里，难道"一招鲜"真可以"吃遍天下"么？

在短短三四年里，三株公司曾在竞争激烈的保健品市场上独占鳌头，把三株口服液的销售额做到80多亿元。三株公司不遗余力的建设庞大的营销网络，在鼎盛时期有几百个产品销售公司，有几十万销售人员。但一时的成功，导致了过度膨胀的自信心，三株公司曾提出建立所谓"日不落生物制药公司"，做"中国第一纳税人"等，这些目标充满豪情，但1997年末就证明不过是乌托邦式的理想。这种过于感性的目标导致了过于感情化的决策。那就是1997年，三株公司大规模地实行多元化政策。虽然"多样化"是减少市场风险的有效办法。但当时的三株公司还处于发展阶段，在许多方面还不成熟。然而其高层管理者被初期的成功冲昏了头脑，对于市场前景盲目乐观，过快地作出了多元化经营的决策。结果，1997年销售额迅速下滑，销售费用却大幅上升。这样公司出现大面积亏损，其不得不进行收缩，但在营销网络建设中投入的大量人力、物力、财力成了三株公司经营上的沉没成本。终于在1998年，"三株现象"已成为明日黄花了，三株的"滑铁卢"现象正是由一个"不能放弃"这种信念而产生的。

其实还有很多不能"放弃"的情结，比如地缘情结，人缘和家族情结，政治情结等。所有这些情结，都是属于感性的而非理性的，而这些情感之类却在打着领导艺术的幌子，左右着企业家的判断和选择。

▶▶ 不轻言放弃，但要学会选择

有一位成功的企业家在回答成功的秘诀是什么这个问题时，毫不犹豫地说：第一是坚持，第二是坚持，第三还是坚持。没想到他最后又加了一句：第四是放弃。确实，在一定的条件下，放弃也可能成为走向成功的捷径。"条条道路通罗马"，此门不开开别门。适当地时候要知道放弃原有的路，同时再寻找新的努力方向，这样才能创造出新的辉煌。

我们不应当轻言放弃，这是毫无疑问的，因为有时候只要我们再坚持一下，就会胜利了。古时愚公移山，是一种伟大的坚持，科学家的发明创造也是一种伟大的坚持。法国杰出的生物学家巴斯德有句名言："我唯一的力量就是我的坚持精神。"不少人在前进的道路上，本来只要再多努力一些，再忍耐一些，就可以取得成功，但却放弃了，结果与即将到手的成功失之交臂。只有经得起风吹雨打，在各种困难和挫折面前永不放弃的人，才有可能获得成功。但是，在有的情况下，你已经付出了最大的努力，但却未取得理想的结果，这就需要认真考虑一下：如果是自己选定的目标、方向同自己的才能不相匹配，就需要勇敢地选择放弃，另辟蹊径，没有必要在一棵树上吊死。军事上有"打得赢就打，打不赢就跑"之说，明明知道不是敌人的对手，胜利无望，却硬要鸡蛋往石头上碰，白白去送死，不是太蠢了吗？"打不赢就跑"、三十六计，走为上计，是这时最好的选择，要知道这是智者所为，不是怯懦。

同时，放弃并不等于毫不在乎、随随便便，是要以平常心面对现实。做到不急躁、不抱怨、不强求、不悲观，在勤奋努力的同时还要抓住机遇，还得放弃那些不切实际的幻想。人生在世，不可能没有追求，没有为之奋斗的目标。但是人生如果总是无休止地追求，而不知道放弃，对完全没有实现可能的目标仍然穷追不舍，结果不但会无端地浪费时间和精力，而且会因达不到预想目标而烦恼不堪，痛苦不已。正确的态度是：既要有所追求，又要有所放弃，该得到的得到，心安理得；不该得到的，或得不到的则主动放弃，毫不足惜。想要告别诸多烦恼和苦闷，就得学会放弃；想要丢掉那些压得你喘不过气来的沉重包袱，就要学会放弃，这样才能在人生的路上轻装前进。

我们得明白，放弃是一种明智的选择，是一种更实际、更科学、更合理的追求，并不是消极避世、不思进取、斗志衰退。

清朝，在一次殿试的时候，乾隆皇帝给举子们出了一个上联，要求他们对出下联。上联是"烟锁池塘柳"。一位举子想了一下，就直接说对不上来。另外的举子们都还在苦思冥想时，乾隆就直接点了那个回答说对不上的举子为状元。这是为什么？原来这个上联的五个字以"金木水火土"五行为偏旁，几乎可以说是绝对。第一个说放弃的考生很快就看出了其中的难度，他不仅思维敏捷，而且敢于说放弃，说明他不愿意把时间浪费在几乎不可能的事情上，可以看出他是一个可造之材。

在我们有限的时间和精力里，不可能永远地做好每一件事。想要得到一切的人，最终可能什么也不会得到。有一位学者曾说：放弃是智者对生活的明智选择，只有懂得何时放弃的人才会事事如鱼得水。每个人都是自己人生这出戏的导演，要想创作出精彩的人生戏剧，就要学会选择和懂得放弃，这样才可能拥有成功的人生。

人们在面临机遇时的态度往往也不一样。当机遇来临的时候，有不同的选择方式：有的人会单纯地接受；有的人抱持怀疑的态度，站在一旁观望；有的人则倔强得如同骡子一样，固执地不肯接受任何新的改变。而不同的选择，当然导致截然不同的结果。起初许多成功的契机并不能看出来，不是每个人都看得到其中深藏的潜力的，最初的抉择往往决定了你是否会成功。

从前有两个贫苦的樵夫，他们一直靠上山捡柴来维持生计。有一天他们在山里发现两大包棉花，俩人喜出望外，棉花的价格高过柴薪数倍呢！将这两包棉花卖掉，所得的钱足可让家人一个月衣食无忧。于是，俩人立即背起棉花，赶路回家。

走到半途中，又有一大捆布横在山路上，走近一看竟是上等的细麻布，足足有几十匹。樵夫喜出望外，和同伴商量，一同放下肩负的棉花，改背麻布回家。

他的同伴却认为自己背着棉花已走了一大段路，如果丢下棉花，自己先前的辛苦岂不白费了，于是坚持不愿换麻布。先发现麻布的樵夫见劝不动同伴，只得自己放弃背棉花，竭尽所能地背起麻布，继续前行。

又走了一会儿，只见林中闪闪发光，背麻布的樵夫走近一看，竟然有数坛黄金散落在地上。他心想这下真的发财了，赶忙邀同伴放下肩头的东西，改用挑柴的扁担来挑黄金。他的同伴却怀疑那些黄金是假的，仍然不愿丢下棉花。

于是，发现黄金的樵夫自己挑了两坛黄金，和背棉花的伙伴一起赶路回家。走到山下时，突然下了一场大雨，两人在空旷处被淋了个湿透。更不幸的是，背棉花的樵夫肩上的大包棉花，吸饱了雨水，重得完全无法再背得动。此时，他只能丢下舍不得放弃的棉花，空着手回去了，而他的同伴则挑着金子回去了。

选择好前进的方向就像在沙漠中摸索，一个能看清方向的人就有如掌握着指南针，不会被海市蜃楼所迷惑；选择好前进的方向就像在海中航行，一个能看清方向的人就有如有灯光指引的航船，不会迷失在风浪中。在我们的一生中，会有很多的选择，很多的十字路口在我们的面前，如果在关键时刻我们犹豫不决、踟蹰不前，会深深地影响我们未来的人生。所以，我们必须擦亮自己的眼睛，要看清前进的方向。方向对了就是成功的开始。

▶▶ 让沉没的成本降到最低

所有企业都希望在实现战略目的时，尽可能减少沉没成本的支出。真正如2000年前后网络公司竞争白热化时那样，比谁"烧钱"最快、最多，可以说是大多数投资者所不愿意看到的。

我们来看一个一家三口来看电影的例子：一对夫妇带着他们的小孩来看电影，影院工作人员说，如果小孩啼哭不止妨碍其他观众的话，可以当场退票。当电影开始之后，夫妇两人感到极其乏味，于是对望一眼——"把宝宝弄哭"。从而机智果断地挽救了"沉没成本"。

当然，这是一个不平等的交易。我们不能奢望总能占尽先机。

造物主说，给你的就不要浪费；尘世中的人说，适合自己的就是最好的。市场给出了他们一个共同的答案：二手经济。

以前，有个楚国人有点儿丢三落四的毛病，但他丢了东西后一点也不悲伤。别人都很疑惑，他解释说，已属沉没成本，注定只应忽略，后悔何用？况且楚国人失，楚国人得，东西得到了合理的利用，又何必悲伤？孔子听说后感慨道，"如果把楚国两个字去掉就好了"；而另一位大智慧的老子则说："把人字也去掉就更好了"。我们对于物质资源，还达不到"老子经济学"思想的地步，但如果能得到"孔子经济学"中精髓，也算是二手经济的幸运了。

不懂得放弃就不懂得收获，其实这句话也是有一定的经济学道理的。一台新买的电脑价值2万多元，花费了你几百份鱼香肉丝和生力啤酒或许还有欠女朋友的无数鲜花的代价，但新鲜劲儿还没过，新升级款式的电脑价钱才1.8万，而且还打出广告说你的那款电脑"加上2000元就可换一台"，真是窝火啊。直到你能收回部分的投资资本，否则你在这一年中绝对不买新的电脑。

如果是经济学家看到这儿就会发笑，因为过去的"沉没了的成本"是无法在原地得到救赎的。如果有一笔已经付出的开支无论做出何种选择都不能被收回，具有理智的人只能忽略它。德国人就曾经"弱智"地忽视了原子弹已经被美国费米的科研团队抢先研制出来的事实，自己仍抱着已经沉没掉的成本不放，这甚至导致第三帝国的灭亡。所以，你不如考虑这样一个更实际的问题：你是否会对那台新款电脑追加投资，如果会就买，如果不会就不买。

一件有了所有权的东西，就决定它本身有了沉没成本，现实就是这样。还没开的新车只要有了交易的手续，市场上就会给它打个七八折，幸灾乐祸的买主才不理会原车主在一旁顿足捶胸呢，哪怕你方向盘都还没有握热。二手货因为有了沉没成本，其边际成本自然就降低了很多。一般买二手车的预期期望要比买新车时小得多，买新车时，要考虑是不是再买一些配套的音响、装一个漂亮的自动窗，而买二手车时只要实用就行。

在打捞沉没成本这方面，外国人比中国人更具有这种意识。例如，在国外买卖二手货物是再正常不过的一件事情了。有一个英语词汇就很能说明这一点，"Garage Sale"，直接翻译就是"车库卖东西"，而经常光顾这里的中国人为了说起来顺口且易于理解，就戏称之为"丐垃圾"。想"Garage Sale"的人通常会在当地周末报纸上登一则小广告，并在车库或过道摆放好打算出售的物品，这样，一间临时旧物小商店就算成立了，只等顾客上门就可开张。有时候物品的价格并不很重要，有些旧物，仍然有使用价值，而有些全新的，只因卖主用不上，便可便宜地出售了。

再让我们看下面这个经济学的案例。

有一天，陈先生把他的一把旧式摇椅拿了出来，打算到跳蚤市场去卖。他愿意以100元的价格卖掉它，如果价格低于此价他宁愿不卖，但是他希望卖到200元；李太太到跳蚤市场来，计划买一把这样的椅子。她希望只付100元，但是准备最多付200元。他们两人讲价、谈判后，最终以150元成交。但是两个人在回家的路上都不高兴。陈先生抱怨卖价太低了，李太太则抱怨买价太高了。对此，斯蒂格利茨评论道："以经济学家的眼光来看，这种抱怨是自相矛盾的。如果某人自愿地同意做一笔交易，这说明他认为：这笔交易即使不是完美无缺的，但做这笔交易至少也比不做这笔交易要好。"所以，以遵循斯蒂格利茨的观点来看，虽然"永远不平等，但可以双赢"，因而二手交易和所有交易是没有区别的。

其实，想要打捞沉没成本并不难，说白了就是不算小账，算大账。小到电脑汽车，大到企业甚至政府，这条法则有着广泛的适用性。聪明的德国政府1马克就卖了4万人的一个大型企业，既解决了企业的经营困境，也化解了失业等社会问题；而美国国防部则把淘汰的旧战机卖给其他国家，既赚取了国防经费，又省了保养维修的开支……这些都是"二手供应商"的典范。正是因为有了这些聪明的卖家，多少精明的买家都因此而乐坏了。

阿尔钦教授是芝加哥学派的，他常在博士论文答辩中提出"什么是成本？"这个问题。阿尔钦教授说，成本就是你所放弃的东西；经济学大师保罗·萨缪尔森教授说，边际决定需求，需求决定市场；而二手产品商则说，成本是会沉没的，就看你怎么打捞了。

Chapter 10

进退之间，克敌致富
——竞争中的经济学诡计

　　在这个竞争无处不在的社会，我们随时都会陷入骑虎难下的境地。相持不下的时候，是选择进攻还是后退？是选择暂时的忍让还是两败俱伤？如何做出正确的选择，一切取决于你的经济学诡计。

从斗鸡的故事说起

先来看一则关于斗鸡的故事。

某一天，两只好战的公鸡在斗鸡场上激烈地战斗着。这时，公鸡有两个行动选择：一是退下来，一是进攻。

这时，一般有三种可能：如果对方没有退下来，自己退下来了，则对方胜利；如果对方也退下来双方则打个平手；如果自己没退下来，而对方退下来，自己则胜利，对方则失败；如果两只公鸡都前进，那么则两败俱伤。

因此，最好是对方退下来，而自己不退，但是这样可能双方都不会退下来，而产生两败俱伤的结果。

咱们可以做这样一个假设，如果两只公鸡都"前进"，结果两败俱伤，两者的收益是−2个单位，负数即为损失，正数即为收益；如果一方"前进"，另外一方"后退"，前进的公鸡获得1个单位的收益，赢得了面子，而后退的公鸡获得−1的收益或损失1个单位，输掉了面子，但没有两者均"前进"受到的损失大；两者均"后退"，两者均输掉了面子获得−1的收益或1个单位的损失。得明确一点，这些数字只是一个相对的值。

从斗鸡中也可以看出这样一个道理，如何在两个强者的对抗冲突中，让自己力争得到最大收益并占据优势，让损失最小化。斗鸡中的参与者都是处于势均力敌、剑拔弩张的紧张局势。这就像武侠小说中描写的一样，两个武林顶尖高手在华山之上比拼内力，斗得是难分难解，一旦一方稍有分心，内力衰竭，就要被对方一举击溃。

在日常生活中，经常有类似斗鸡的事情发生。比如，收债人与债务人之间类似于斗鸡：假如债权人A与债务人B双方实力相当，债权债务关系明确，B欠A100元，金额可协商。若A自愿获得90元，并减免B债务10元，即B也可获10元，这样就可避免两败俱伤的情况发生。

如果A强硬B妥协，则A可收益100元，而B则没有收益；如双方强硬，发生暴力冲突，A不但收不回债务还受伤，医疗费用损失100元，则A的收益为−200元，也就是不仅100元债收不回，反而倒贴100元，B则是损失了100元。

因此，A、B可以选择妥协或强硬这两种战略。每一方选择自己最优战略时都假定对方战略给定：若A妥协，则B强硬是最优战略；若B妥协，A强硬将获更大收益。若双方都持强硬的态度，不仅原本的收益都没有了，却还会给自己和对方带来负效益。

有两个纳什均衡存在于这场搏斗中：A收益为100，B收益为零，或反之。这显然比不上集体理性下的收益支付，A、B皆妥协，收益支付分别为90、10。若债权人与债务人选择不合作，不仅无法追求利益最大化，而且还会陷入囚徒困境。

尽管在理论上有两个纳什均衡，但在当今中国信用不健全的情况下，如欠债不还、履约率低、假冒伪劣盛行，债务人在这种法律环境下是有利的，B一般会选择强硬的态度。

在这一个动态的过程，B选择强硬后，A就不能选择强硬，只能选择妥协，否则两败俱伤。而在双方强硬的情形下，B虽然收益为−100，但B会预期，他选择强硬时A必会选择妥协，故B的理性战略是强硬。因此，这一纳什均衡实际上为B强硬A妥协。

在假定A、B实力相当的情况下，是可以欠债还钱的。如实力相差悬殊，一般实力强者选择强硬。比如一般丈夫会在家庭冲突中，首先退下阵的。

庄子是战国时期的思想家，他讲过这样一个故事：斗鸡的最高状态，就是好像木鸡一样，面对对手毫无反应，可以吓退对手，也可以麻痹对手。斗鸡博弈的基本原则很好地体现在了这个故事里面，就是让对手产生错误的期望，无法正确估计双方力量的对比，从而战胜对手。

我们可以将斗鸡博弈进一步衍生，衍生为动态博弈，可以形成一个拍卖模型。拍卖规则是：轮流出价，谁出的最高，谁就将得到该物品，但是出价少的人不仅得不到该物品，并且要按他所叫的价付给拍卖方。

现在假定，有两人为争夺价值100元的物品开始竞价，只要一开始叫价，双方在这个博弈中就陷入了骑虎难下的状态。因为，每个人都这样想：如果我退出，我将失去我出的钱，若不退出，我将有可能得到这价值100元的物品。但是，随着出价的增加，他的损失也可能越来越大。继续叫价还是退出，每个人面临着这两个选择。

尽早退出是进入骑虎难下的境地的明智选择，但是一般都是"当局者迷，旁观者清"，当局者往往是做不到的。

不仅在企业或组织之间，在个人之间也经常会出现这种骑虎难下情况。赌红了眼的赌徒输了钱还要继续赌下去以希望返本，就是骑虎难下。其实，赌场从概率上讲是必胜的，只要赌徒一进入赌场，他就处于骑虎难下的状态了。

从理论上讲，因为赌场的"资源"远远大于赌徒的"资源"，无论赌徒与赌场之间较量多少次，注定赌徒是必输的。如果你的资源比赌场的资源大，那么赌场有可能输；如果你的资源无限大，只要赌徒有非零的赢的可能性，那么赌徒肯定会赢的。因此，在有些赌场，比如葡京这样的赌场，会对赌博数额有一定的限制。

斗鸡与赌博都有一个相同的规律，即一旦进入骑虎难下的境地，尽早退出是明智之举。

▶▶ 主动出击，占得先机

如果想要更好地生存，就要学会主动出击。在生活和工作中，难免会出现你争我夺的情况，这个时候，就体现出斗鸡的影响了。在你进我退之中，谁能够占领上风，最终的胜利就会属于他。

1980年，共和党候选人里根与民主党候选人卡特二人当时的实力旗鼓相当，他们之间展开了美国竞选史上最激烈的一场美国总统争夺战。

卡特当时已经是当政4年的在职总统，但是他在内政方面不能令人满意，政绩并不突出，在他在职期间通货膨胀加剧、失业人数猛增。人们对这些有关国计民生的问题十分不满，怨声载道。里根把这些当成手中的王牌，宣称他要消除"卡特大萧条"，集中火力攻击卡特失误的经济政策。卡特指责里根增加防务开支的主张，这是好战之举，因为广大民众十分关心战争与和平。

里根与卡特就是这样唇枪舌剑，一时难决雌雄。

广播、电视、报纸等大众传播媒体在20世纪80年代的美国，对人们有着广泛的影响。一个人的形象，在美国民众的心中往往占有重要位置，有时甚至直接决定了选民投谁一票。所以，总统选举，与其说是选民在选择候选人的政策纲领，不如说是在品味候选人的性格、智慧、精力、风度。可以说，里根在这方面，占据了得天独厚的优势。

里根当选共和党总统候选人之前，曾在好莱坞演过电影，那部电影在全国各地影剧院、电视台争相放映，一下子就成了热门。这股里根影视热风，无疑替里根做了一次绝好的宣传。人们从影视中看到，当年的里根英俊潇洒、精明强干，而现在仍然生机勃勃、干劲十足，风度不减当年。因此，在人们的心中，对里根留下了一个很好的印象。

在里根的电影热火朝天地放映的同时，他还通过电视媒体极力展示自己的风采。在与卡特的电视辩论中，里根表现得能言善辩、妙语连珠，而卡特则相形见绌、呆板迟钝、结结巴巴。因此在投票之前关键性的一场电视辩论后，民意测验的结果，支持里根的人上升到67%，支持卡特的人下降为30%。大选结果在1980年11月4日公布，里根大获全胜。

正是因为里根巧妙地利用了大众传播媒介，通过电影、电视、广播等手段，给民众留下了深刻的印象，他才能取得胜利。在这场斗鸡博弈中，里根成功地把握了进攻的主动，成为胜利的斗鸡。而卡特则被里根牵着鼻子走，显得捉襟见肘，失败是不可避免的。

有的时候，不妨试着寻找别人的软肋所在，这样你就能占据主动。人都想掩盖自己的弱点和丑处，更有些心智狡猾的人城府很深，很难让人抓住把柄。可是"道高一尺，魔高一丈"，再狡猾的狐狸也会露出尾巴。要想大胆"进攻"，最好是要抓住对手的软肋。

再来看三国时期的一个典故吧。诸葛亮作为弱国的使者，初到江东时，势单力孤。江东的那些怕硬欺软的谋士们，倚仗着坐在家中人多势众，一个个盛气凌人。诸葛亮决心先打掉他们的气焰，所以出手凌厉，制人要害，像张昭这样的江东首席谋士，凭他的嚣张气势，也不过勉强与诸葛亮周旋了三个回合。他突出的弱点是主张降曹，投降是既无能又无耻的表现。诸葛亮瞅准这一点，在历数刘备一方怎样仁义爱民、艰苦抗击曹操之后，话锋一转："盖国家大计，社稷安危，是有主谋。非比夸辩之徒，应誉欺人；坐议交谈，无人可及，临机应变，百无一能。——诚为天下笑耳！"就这样，张昭的痛处一下子被诸葛亮点到了。

虞翻、步骘、薛综、陆绩、严畯、程德枢之流都是张昭部下，他们都是上一个回合就已经输了。如薛综与陆绩出于贬低刘备，抬高了曹操的身份，这就犯了当时士大夫阶层中的舆论大忌。诸葛亮一下抓住这点，斥责他们一个是"无父无君"，一个是"小儿之见"，说得两个人满面羞愧，话都说不出来了。严畯与程德枢完全是迂腐儒生，一个问诸葛亮"适为儒者所笑"，诸葛亮尖锐地指出："寻章摘句，世之腐儒也，何能兴邦立事？""小人之德……笔下虽有千言，胸中实无一策。"甚至屈身变节，更为可悲。看准对方的弱点，对其进行准确有力地击中，就能让对方理屈词穷、垂头丧气。

诸葛亮就是在情况微妙的时刻，抓住了对方的软肋，为自己赢得了主动，打掉了对手的气焰。在我们的日常工作中，总免不了要和别人唇枪舌剑，特别是在商业谈判中，如果可以先抓住对方的软肋，便可以迅速占据有利位置，让对方从一开始就处于下风，大大削弱了对方的士气和自信，从此便可以牵着对方的鼻子走。

事实上，对手在唇枪舌剑中总有说漏嘴的时候，我们要善于抓住这个好机会，来反守为攻。这种办法用以对付傲气十足的对手较易奏效，因为傲者一丢丑便像斗败的公鸡一样，会垂头丧气，沮丧不已。跟谦虚的人来比，一般傲者更容易被打败。

巴克斯是一名英国驻日公使，他一直傲气十足，瞧不起对手。他在同日本外务大臣寺岛宗常和陆军大臣西乡南州打交道时，常常表现出不屑一顾的神态，还不时地嘲讽两人。但是每当他碰到棘手的事情时，总喜欢说"等我和法国公使谈了之后再回答吧！"寺岛宗常和西乡南州商量决定抓住这句话攻击一下巴克斯这种傲气十足的行为。有一天，西乡南州故意问巴克斯："很冒昧地问您一件事，到底英国是不是法国的属国呢？"

巴克斯听后，傲慢无礼地回答道："你说得也太荒唐了，你作为一位日本陆军大臣，竟然不知道英国和法国的关系，德意志共和国与我国根本不能相提并论，英国是世界上最强大的立宪君主国。"

西乡南州冷静地说："我以前也认为英国是个强大的独立国，现在我却不这样认为了。"

"为什么？"巴克斯愤怒地问。

"只是因为每次你总是说等你和法国公使讨论后再回答有关国际上的问题。如果英国是个独立国的话，那么为啥要看法国的脸色行事呢？这么看来，英国不是法国的附属国又是什么呢？"西乡南州从容不迫地说。

顿时，巴克斯被问得哑口无言，巴克斯以后在相互讨论问题时，再也不傲气十足了。

巴克斯语言上的弱点被西乡南州牢牢地抓住了，因而他的攻势取得了满意的效果。毫无疑义，任何人都不可能是十全十美的，难免有自己的弱点，而傲气者一旦被别人抓住弱点进行攻击，也就瓦解了其傲气的资本。

要把握敌人的弱点主动出击，这样，就可以为自己争取到有利的位置。在企业经营中尤其如此，主动出击，便可以获取胜利。

▶▶ 以退为进的智慧

在适当的时候，以退为进也是一种生存的智慧。在斗鸡的"战争"中，如果斗鸡的双方棋逢对手，且都僵持不下，往往会造成两败俱伤的结果。在这种情况下，适当的退让，然后再展开攻势的一方，往往能起到出其不意的效果。以退为进，这也是在做人做事中不可或缺的一种方式。你先表现得以他人利益为重，实际上是在为自己的利益开辟道路。当我们在办事情时，特别是有风险的事情时，如果懂得适当地让一步，有时会取得绝佳的效果。

要懂得隐藏自己的利益和意图，别人的观点和利益能得到尊重并突出，对方就会心甘情愿地做你要他做的事。这就是与他人合作的成功模式，人们常常不会正确使用这一模式，是因为他们常常忘记了，如果我们过分强调自己的需要，那别人对此即使本来是有兴趣的，也会改变态度。

从别人的需要入手，才能感动别人，让别人心甘情愿地做一件事情，唯一的方法就是让他们出于自己的自愿。同时，还必须记得，人的需要是各不相同的，各人有各自的癖好偏爱。只要你认真探索对方的真正意向，特别是与你的计划有关的，你就可以依照他的偏好去对付他。你首先应当将自己的计划去适应别人的需要，然后你的计划才有实现的可能。比如，说服别人最基本的要点之一，就是巧妙地诱导对方的心理或感情，以使他人就范。如果说服的一方特别强调自己的优点，企图使自己占上风，对方反而会加强防范意识。所以，不如先点破自己的缺点或错误，这样可以让对方产生优越感，特别不能以一本正经的态度对待别人。

有些人因为帮助过别人，就觉得自己是别人的大恩人，会产生一种优越感，有时还会数落一番求助者。当你认为自己可能会被人指责时，不妨先数落自己一番，当对方发觉你已承认错误时，便不好意思再指责你了。

好比跳高一样，想要跳得更高，只有退得远些才能达到。人际关系中暂时的忍让吃亏，可以获得长远的利益。关键是要学会不露声色地迎合对方需要，既以对方的利益为重，又为自己的利益开道。可以先造成你大步退让的假象，这样容易求得别人帮忙，或者由小到大，让对方无法察觉你真正的意图其实是"先得寸后进尺"，这样别人也容易帮你忙。

美国著名的矿冶工程师赫蒙，从美国的耶鲁大学毕业后，又去德国的佛莱堡大学学习，而拿到了硕士学位。可是当赫蒙带齐了所有的文凭去找美国西部的大矿主霍斯特的时候，却遇到了麻烦。那位大矿主是个脾气古怪又很固执的人，他自己没有文凭，所以就不相信有文凭的人，更不喜欢那些文质彬彬又专爱讲理论的工程师。当赫蒙前去应聘递上文凭时，满以为老板会乐不可支，没想到霍斯特很不礼貌地对赫蒙说："我之所以不想用你就是因为你曾经是德国佛莱堡大学的硕士，你的脑子里装满了一大堆没有用的理论，我可不需要什么文绉绉的工程师。"聪明的赫蒙听了不但没有生气，相反心平气和地回答说："假如你答应不告诉我父亲的话，我要告诉你一个秘密。"霍斯特表示同意，于是赫蒙对霍斯特小声说："其实我在德国的佛莱堡并没有学到什么，那三年就好像是稀里糊涂地混过来一样。"想不到霍斯特听了笑嘻嘻地说；"好，那明天你就来上班吧。"赫蒙就这样在必要时退让了一步，在一个非常顽固的面试官面前，轻易地通过了面试。

赫蒙那样做不十分合适，也许不少人会这样认为，但是不得不承认，他不仅解决了问题，还没有伤害到别人。就拿赫蒙来说，他贬低的是自己，他自己的学识如何，当然不在于他自己的评价，就是把自己的学识抬得再高，也不会使自己真正的学识增加一分一毫，反过来贬得再低也不会使自己的学识减少一分一毫。

一般人往往在这种情况下，喜欢表现得比别人强，或者证明自己是有能耐的人。然而一个真正有能力的人是不会自吹自擂的，所谓"自谦则人必服，自夸则人必疑"就是这个道理。

其实，让步只是暂时的退却，有时候为了进一尺就得退一寸，只有不计较吃点小亏才能避免吃大亏。华盛顿是美国第一届总统，德雷斯顿是他身边的副总统，这是个闲差，可是德雷斯顿却把它变成具有实权的职位，他常常在演说时讲一些他做副总统闹出的笑话，这样做的结果非但没有降低自己，反而赢得了敬佩和拥护。

我们还可以在表面上做出让步，暗中却又近了一步，这也是一种退让的办法。所谓"新瓶装旧酒"。换了瓶子向对方退步，可酒还是没换，酒力反而更大。这种方法是令对手难以捉摸、防不胜防的高超技术和策略，这样可以以假掩真而达到自己最后的目的。

胡珀是世界著名滑稽演员。有一次，他在表演时说："我住的旅馆，房间又小又矮，连老鼠都是驼背的。"这句话传到旅馆老板耳朵里后，他十分生气，要控告胡珀，因为他认为胡珀诋毁了旅馆的声誉。

胡珀为了坚持自己的看法，又要避免一个不必要的麻烦，于是决定用一种奇特的办法，在电视台发表了一个声明，向对方表示歉意："我曾经说过，我住的旅馆房间里的老鼠都是驼背的，这句话说错了。现在，我要郑重地说那里的老鼠没有一只是驼背的。"

"连那里的老鼠都是驼背的。"这句话说出了旅馆小且矮，而"那里的老鼠没有一只是驼背的。"却说出了旅馆里有很多的老鼠。胡珀的道歉，明是更正，实是批评旅馆的卫生情况，不但坚持了以前的所有看法，讽刺程度更深刻有力。

艾尔·弗雷特是英国牛津大学的一名学生，平常会写点儿诗歌，因而小有名气。一天，他在同学面前朗诵自己的诗。有个叫查理的同学说："艾尔·弗雷特的诗让我非常感兴趣，它是从一本书里偷来的。"艾尔·弗雷特听到这句话后，十分恼火地要求查理向他道歉。

查理答应了向他道歉，他当着大家的面说道："我以前很少收回自己讲过的话。但这一次，我认错了。本来，我以为艾尔·弗雷特是从我读的那本书里偷来的那首诗，但我再翻开那本书时，看到那首诗仍然在那里。"

"艾尔·弗雷特的诗是从我读的那本书里偷来的。"就是指艾尔·弗雷特抄袭了那首诗，而"那首诗仍然在那里。"则指艾尔·弗雷特抄袭的那首诗还在书中。其实，这两句话的意思并没有变，后一句还进一步肯定了抄袭，嘲讽程度还加深了。

以退为进，不是退缩，不是懦弱，而是一种让自己处于有利地位的智慧。

▶▶ "威慑战略"的运用

"威慑战略"就是指当一方选择 "威慑"时要表现出势不可当、义无反顾的气势，来震住对方，"狭路相逢勇者胜"这句话很好地说明了这个意思。当然"威慑战略"也是平等的，双方都可以采用，若对方表现得比你还勇猛，你就要"识时务者为俊杰"了，与 "愣头青"去拼命是不值得的。

你进我退，你退我进，这是经济学中有关"斗鸡博弈"的两个"纳什均衡"。自己的行为取决于对方的行为，而且双方都是这样的选择。那么，"纳什均衡"最后会出现在哪儿，即谁会取得最后的胜利呢？

在战争年代曾发生过这样一个故事：敌我双方的两个士兵在一场血腥战役之后，狭路相逢了。他们都已身心疲惫，但双方都勉力对峙，枪口对着枪口，目光对着目光。终于，国民党士兵的信心崩溃了，扑通一下跪地求饶。我军战士夺过对方的枪支后，发现也没有子弹时，一下子就瘫倒在地了。

有时，并不需要真正的较量就能看出勇还是不勇，如果将自己很"勇"的信息传递给对方，就很容易在气势上压倒别人。这个理论，甚至在人类与野兽的较量中也通行。

在一次马戏团表演中，突然停电了，驯兽师此时还和老虎被关在一只铁笼中。黑暗中的老虎视线不受影响而虎视眈眈，而驯兽师却什么也看不见，形势暗含凶险。驯兽师突然意识到，老虎并不知道人看不见它，他镇定自若的挥舞道具，像平时那样表现出降伏猛兽的勇气。驯兽师就像在演出一样地指挥着老虎，老虎对驯兽师还是百依百顺。

其实，博弈就是在比谁更有威慑力。"软的怕硬的，硬的怕横的，横的怕不要命的。"这句话在下面的故事里得到了很好的验证。

一天，一个农民去乘坐长途汽车，他面带土色衣着简朴。司机看他带的杂物太多，让他坐在车尾角落里。

不料，在半路上，车上有一名凶狠的歹徒用刀顶住司机的脖子，一场抢劫案眼看就要发生。农民突然站了起来，大叫一声："给我住手！"然后写了一张纸条递了过去。几个歹徒读罢字条，互相对视片刻，竟然迅速下车逃跑了。大家诧异地问他："你是警察？""不是。""你是军人？""也不是。""那你怎么这么厉害？""老实说，我今天正好带着借来的大笔钱，被他们抢走的话我也只有死路一条，所以只得铤而走险了：我是一个持枪在逃的逃犯，你们再不滚蛋，我就杀了你们！我在纸条上写下了这样的话。"

的确，就像"横的还是怕不要命的"这句话说得一样，在某些时候"威慑战略"还是管用的。你给别人的威慑不一定代表你真会那么去做，只是给别人一种震慑力或假象，在生活中采用一些假的威慑，或许可以解决一些难题。

"所罗门王断案"这个故事想必许多人都知道。在古代，有两个妇女在一间屋子里同时生下小孩。但其中一个孩子死了，两人都争说这个活着的孩子是自己的，死孩子才是对方的。当年没有DNA等技术手段来做亲子鉴定，人们便请了所罗门王来断案。智慧的所罗门王假意说，既然你们都说自己是孩子的母亲，那就把孩子一劈为二一人一半。一个妇女欣然同意说，这样最好。而另一个妇女则说，宁可给对方，也不愿将孩子劈死。所罗门王根据她们的态度就知道结果了，不赞同的妇女才是真的母亲，真正的母亲怎么会舍得那样对待自己的孩子呢。

这也说明了这位假的母亲是不懂得博弈论的，她真的相信了所罗门王的这个"威慑"。其实，如果假母亲也不同意所罗门王的做法，那么他的计谋便不能成功。

《追鱼》是一部越剧电影，其中也有一段类似的情节。书生张郎被宰相府招为女婿，但因家贫而遭宰相女儿牡丹的嫌弃。而在张郎读书处水潭里的鲤鱼精，因爱慕张郎而变作牡丹的模样来与他私会。张郎误以为她是真的回心转意，便与她情投意合相悦甚欢。终于东窗事发，两个牡丹真假难辨。断案的包公知道了事情的原委，假装要当庭杖打张郎。这时真的牡丹无动于衷，甚至幸灾乐祸，而假的牡丹则难掩伤心。包公明察秋毫，他看到这一切，心里便有了结果了。

同样道理，鲤鱼精也是不懂博弈论的，如果她稍懂一点儿的话，包青天也对她是无可奈何。

不过也有时候，特别是当对方拿出破釜沉舟的勇气时假威慑是不管用的。

我们再看一个经常出现在电视剧里的例子。

一位姑娘与小伙子在谈恋爱，但姑娘的父亲以断绝父女关系来阻止他们。如果姑娘相信的话，她可能会中断与恋人的关系，因为恋人是可以选择的，而血源是不能替代的。庆幸的是，这是个聪明的姑娘，她知道父亲不会那么做。因为那样的结局对父亲更加不好，不但失去女婿，还会失去女儿。她反而和他勇敢地结婚，生米煮成了熟饭，父亲也没有任何办法了。

从博弈论的角度来看，父亲的"威慑"就是个名副其实的假威慑。最后的结果，父亲还是接受了这个当初并不喜欢的女婿。

人们不一定会真正地实施"威慑战略"，它只能说是一种"虚张声势"。如何识破对方的"虚张声势"呢？这就要看对方的威慑是否可以置信。"你再吵，我就把你从窗户扔下去。" 经常可以听到父母这样威慑孩子，这种威慑就完全可以不用置信。

既然这样，我们就会问什么时候的威慑才是可置信的。答案就是：只有当事人在不施行这种威慑时，就会遭受更大的损失。

比如，有一支队伍正在游行，警察在奉命拦截，群众与警察的冲突一触即发。若群众表现出不可遏制的愤怒和拼死冲破封锁线的勇气，警察最好识相让开，否则会被愤怒的群众踩扁。但若警察排成铜墙铁壁，并威慑"我们死也不会放你们过去"。真是这样的话，群众也还是作鸟兽散算了。那么如何判断警察的威慑是真的呢？如果上级给警察下达了"不成功便成仁"的命令，那么他们一定是无论如何也要挡住游行的队伍。

只有做出断绝自己后路的行为，才会让威慑更加有效。对方看到你孤注一掷的决心，就会有所顾忌。只有威慑，才可以让自己看起来更加自信，更加在自己的地盘上增加赌注，从而处于有利地位。

▶▶ 让对手鞭策自己进步

在面对对手的时候，一般人会不屈不挠地咬紧牙关，恨不得一口吃掉对手，殊不知此时自己已经变成了一只红眼的斗鸡了。其实，很多聪明的人并不会这样做，因为对手是自己的前进动力，并且可以鞭策自己获得改善和提高。想要促进自己的成长，就要适当地保留对手。

林肯是美国的前总统，他就是这样一个聪明的人。

在1860年美国总统大选中，林肯顺利地胜出，成为总统。

萨蒙·蔡斯原本是参议员，林肯上台后任命他为财政部长。当时有许多人反对这一任命，因为蔡斯虽然能干，但为人狂妄自大，十分不讨人喜欢。因为他也是竞选过总统的，在大选中，却输给了林肯，蔡斯一直不是很顺从林肯的领导，他认为自己比林肯要强得多。

当朋友不解地问起这件事时，林肯讲了如下故事。

"在农村长大的朋友们一定见过马蝇吧。有一次，在肯塔基老家的一个农场，我和我的兄弟一个吆喝马，一个扶犁去犁玉米地。刚开始马很懒，总也不愿意动，可是过了一会儿，它却在地里跑得飞快，连我这双长腿都跟不上了。等跑到了地头，我才发现，原来有一只很大的马蝇叮在马身上，我不忍心看着这匹马被咬得生疼，就随手把马蝇打落了。我兄弟告诉我之所以马会跑得快，就是有了马蝇的叮咬。"

随后，林肯又说道："现在，有一只叫"蔡斯"的马蝇正在叮咬我们这匹马，我们不仅不应该打落他，更应该感谢他，因为正是有了他的威胁，我们才会努力地跑。"

斗鸡博弈对人的作用和达尔文生物进化论的观点，从科学的角度上来说，有一致的地方：在自然界中，到处都存在着一种竞争的法则，在这种竞争法则的作用下，这个世界才显得生机勃勃。如果一个物种失去了竞争，就等于失去活力，意味着即将陷入灭种的边缘。

在非洲奥兰治河两岸生活着两群羚羊，有位动物学家通过对它们的仔细观察发现了一个现象：生活在河东岸的羚羊繁殖能力比西岸的强，并且它们的奔跑能力也大不一样，东岸羚羊奔跑速度每分钟要比西岸的羚羊快13米。

谜底终于在深入研究后被揭开，东岸羚羊的附近生活着一个狼群，所以它们才强健。它们为了生存，天天生活在一种"斗鸡博弈"中，因而越活越有战斗力；而西岸的羚羊缺少天敌，没有生存的压力，所以才弱小。

其实，个体和群体前进的"助推器"就是斗鸡博弈。

当一个人被另一个人紧紧叮咬着不放时，他才会努力拼搏，以期待早日甩掉身上的包袱，这样他在人生的道路上才会不断地进步。一个团队只有被另一个团队叮着咬着，这个团队才能团结一致，形成合力，并在团队与团队的竞争中处于优胜地位。一个企业只有被另一个企业或行业中的同行企业紧紧叮咬着不放时，这个企业才能在行业恶劣的竞争环境中调整自我，提高管理水平，积极开发新品，努力降低成本，优化营销手段，完善产品售后服务体系。只有这样，才能使自己的企业不断地战胜对手，超越对手，创造奇迹。一个国家只有被另一个国家或者被若干个敌视自己的国家紧紧叮咬着不放时，这个国家才会努力加强经济和国防建设，努力增强自己国家的综合国力，让自己时刻处在一种居安思危的状态下，这样，才能永远地立于不败之地。

在生活和工作当中，出现竞争对手反而会是件好事，你会因为他而努力奋斗，不断地前进。所以，我们每个人应该学会利用竞争关系，实现个体或集体的进步。

彭勃是雅典奥运会上的男子跳水三米板冠军，他在一次接受记者采访时说："我要感谢队友王克楠和对手萨乌丁这两个人。如果今天没有王克楠到场给我的鼓舞，我的金牌就不会拿得这么顺利。我之所以要感谢萨乌丁，是因为没想到他今天发挥得这么出色。看到他那么大的年龄，却还那样拼搏，这刺激了我更努力地去比赛。"

许多人都恨不得马上除掉对手，他们把对手视为心腹大患，希望他们永远别再出现。其实只要反过来仔细一想，便会发现拥有一个强劲的对手，反倒是一种福分，一种造化。身边若有一个强劲的对手，会让你有危机感，会更加激发起你的斗志。

《大长今》是一部韩国的电视剧，其中有这样一个情节。

为了争夺最高尚宫的名誉，尚宫们都在暗暗地努力着，想把对方给比下去。韩尚宫和崔尚宫是一对对手，她们各自选择长今和今英作为自己的帮手，两方都把对方看成是自己的威胁，势不两立。可是就在这时候，元子喝了姜德久的虫草全鸭汤而全身麻痹，姜德久也因此被关进了内侍府。为了救姜德久，长今不顾危险品尝人参和肉豆蔻而失去了味觉。本来少了一个竞争对手，对今英来说是一件大喜事，但是没有竞争对手，她也高兴不起来，感到非常的失落。

长今为了治疗她的味觉，一直在苦苦寻觅妙方。很巧，她见到了正在研究利用蜂针替人治病的郑云白主簿，长今苦苦哀求郑云簿用她来做试验，在郑云簿给她打了蜂针之后，她的味觉很快恢复了。

长今恢复味觉后，一直沉浸在兴奋之中，忽然今英对她说："很高兴，你的味觉恢复了，我们又可以比赛了。"她的话让作为竞争对手的长今感到非常惊讶，她不能理解对手为什么要对她表示真心的祝贺呢？今英看出了长今的纳闷，说："因为，我唯一认定的竞争对手就是你。"

一个人想要前进，少不了对手这个动力，因为对手会鞭策你的成长和进步，让你一刻都不能懈怠，从而充满竞争的激情和乐趣。

▶▶ 做感情投资的效益大

我们内心都有一些需求，有紧迫的，有不重要的，而我们在急需的时候遇到别人的帮助，则内心感激不尽，甚至终生不忘。濒临饿死时送一只萝卜和富贵时送一座金山，就内心感受来说，完全不一样。有某种爱好的人遇到兴趣相同的人则兴奋不已，以为人生一大快乐。两个人脾气相投，就能交上朋友。所以要落人情，便应洞察此中三昧。

三国争霸之前，周瑜并不得意。他曾在军阀袁术部下为官，被袁术任命当过一个小县的县令罢了。

这时候地方上年成很差，发生了饥荒，兵乱间又损失不少，粮食问题日渐严峻起来。百姓没有粮食吃，就吃树皮、草根，活活饿死了不少人，军队也饿得失去了战斗力。周瑜作为父母官，看到这悲惨情形很着急，不知如何是好。

有人献计，说附近有个乐善好施的财主鲁肃，他家素来富裕，想必囤积了不少粮食，不如去向他借粮。周瑜带上人马登门拜访鲁肃，刚刚寒暄完，周瑜就直说："不瞒老兄，小弟此次造访，是想借点粮食。"鲁肃一看周瑜丰神俊朗，显而易见是个才子，日后必成大器，他根本不在乎周瑜现在只是个小小的居巢长，哈哈大笑说："此乃区区小事，我答应就是。"

鲁肃亲自带周瑜去查看粮仓，这时鲁家存有两仓粮食，各三千石，鲁肃痛快地说："也别提什么借不借的，我把其中一仓送与你好了。"周瑜及其手下一听他如此慷慨大方，都愣住了。要知道，在饥馑之年，粮食就是生命啊！周瑜被鲁肃的言行深深感动了，两人当下就交上了朋友。

后来周瑜发达了，当上了将军，他牢记鲁肃的恩德，将他推荐给孙权，鲁肃终于得到了干事业的机会。

对身处困境中的人仅仅有同情之心是不够的，应给予具体的帮助，使其渡过难关，这种雪中送炭，分忧解难的行为最易引起对方的感激之情，进而形成友情。比如，一个农民做生意赔了本，他向几位朋友借钱，都遭回绝。后来他向一位平时交往不多的乡民伸出求援之手，在他说明情况之后，对方毫不犹豫地借钱给他，使他渡过难关，他从内心里感激。后来，他发达了，依然不忘这一借钱的交情，常常给对方以特别的关照。

关键时刻，拉人一把。帮助别人就是在帮助自己，给别人一根火柴，自己的心中也会亮起明亮的灯，给别人一只手，就等于是给了希望帮助者一片蓝蓝的天。如果我们用友好的行动去帮助别人，往往会得到同样友好的回报。雄才大略之人更应有此宽阔心胸。

漫长的人生旅途中，谁都会有急难困境的时候，难免会遇到各种挫折，这时候最需要的就是别人的帮助了。这时候，凡是外来的点点滴滴的温暖，都会让人铭记在心。

但凡是善于感情投资的高手，大多都善于结交人情，乐善好施。人遇急难时，借钱送物固然是感情投资的好方法；但有时候，给他人以巨大帮助的却不只是钱物。旧时朋友义气情深，为朋友两肋插刀，甚至不惜流血牺牲，这是一种人情；现如今，送人以技巧，助人以斗志，指人以迷津，未尝不是一种更好的人情。

有一个关于维克多连锁店的故事。

维克多从父亲的手中接过了一家食品店，这是一家古老的食品店，很早以前就存在而且已出名了。维克多希望它在自己的手中能够发展得更加壮大。

一天晚上，维克多在店里收拾，第二天他将和妻子一起去度假。他打算早早地关上店门，以便为度假做准备。突然，他看到店门外站着一个年轻人，面黄肌瘦、衣服褴褛、双眼深陷，一个典型的流浪汉。

维克多是个热心肠的人。他走了出去，对那个年轻人说道："小伙子，有什么需要帮忙的吗？"

年轻人略带点腼腆地问道："这里是维克多食品店吗？"他说话时带着浓重的墨西哥味。"是的。"

年轻人更加腼腆了，低着头，小声地说道："我是从墨西哥来找工作的，可是整整两个月了，我仍然没有找到一份合适的工作。我父亲年轻时也来过美国，他告诉我他在你的店里买过东西。哦，就是这顶帽子。"

维克多看见小伙子的头上果然戴着一顶十分破旧的帽子，那个被污渍弄得模模糊糊的"V"字形符号正是他店里的标记。"我现在没有钱回家了，也好久没有吃过一顿饱餐了。我想……"年轻人继续说道。

维克多知道了眼前站着的人只不过是多年前一个顾客的儿子，但是，他觉得应该帮助这个小伙子。于是，他把小伙子请进了店内，好好地让他饱餐了一顿，并且还给了他一笔路费，让他回国。

不久，维克多便将此事淡忘了。过了十几年，维克多的食品店越来越兴旺，在美国开了许多家分店，他决定向海外扩展，可是由于他在海外没有根基，要想从头发展也是很困难的。为此维克多一直犹豫不决。

正在这时，他突然收到一封从墨西哥寄来的一封陌生人的信，原来正是多年前他曾经帮过的那个流浪青年。

此时那个年轻人已经成了墨西哥一家大公司的总经理，他在信中邀请维克多来墨西哥发展，与他共创事业。这对于维克多来说真是喜出望外，有了那位年轻人的帮助，维克多很快在墨西哥建立了他的连锁店，而且发展得异常迅速。

在别人困难时伸以援手，尽自己所能去真心诚意地在物质或精神上给他人以宽慰，不见风使舵，更不落井下石。这样，送人玫瑰，非但给了他人温暖，更是手留余香，让我们自己的心灵得到了净化，思想得到了洗涤，品格得到了提升。在人际交往中，见到给人帮忙的机会，要毫不犹豫，因为人情就是财富，人际关系一个最基本的目的就是结人情，有人缘。

▶▶ 巧妙营造内部竞争的氛围

企业内部的竞争力该如何提高呢？獒的成长或许会给我们一些启示。

人们往往惊叹于獒威武的外表和凶猛的性情，以为这种生灵得到了大自然的恩赐才拥有了出类拔萃的特征。

其实獒在刚出生时，也只不过是一只普通的犬，当年幼的藏犬长出牙齿并能撕咬时，主人就把它们放到一个没有食物和水的封闭环境里。为了生存下去，唯一的食物来源就是它们的一奶同胞、兄弟姐妹们，于是这些幼犬自相撕咬，弱者遭受失败，成为强者的口中食。为了活下去，幼犬们学会了更加用力地撕咬、更加勇猛地搏斗，最弱的最先死亡，然后是稍弱的，接着是相对不那么强壮的，最后，只有一只最强壮、最凶猛的犬靠着斗争与拼搏活下来。

这只在你死我活的残酷考验中活下来的犬，就是獒。据说十只犬才能训练出一只獒，而其余的九只，都成为强者的口中肉、腹中食。

竞争是造就强者的学校。獒的成长经历说明了，只有在竞争的环境中才能出强者。竞争是主动型的，你只有争做强者，争取胜利，才会在竞争中立于不败之地。

同样，对于一个企业、一个组织而言，竞争也是最好的锤炼。

市场经济是天然的竞争经济。在市场经济条件下，竞争才有高效率，竞争才能出效益。没有竞争就死水一潭，事业就缺乏生机与活力。这已经为无数企业发展的过程所证明。为保证自己能在激烈的竞争中生存下来，许多企业都在企业内营造着内部竞争的机制，以保证员工队伍随时都是最精干的。

其实，每个人都想在竞争中获胜，从经济学中的斗鸡博弈理论来说，把每个人的进取精神和竞争意识充分激发出来，确实是一种营造组织内部竞争氛围的好办法。对于企业的管理者来说，更应该意识到这一点。

有一位聪明的董事长就意识到了这一点，成功地营造了组织内部的竞争氛围，提高了企业的运转效率。

董事长李强的手下有一位厂长，这位厂长很能干，但是奇怪的是，厂长手下领导的工人总是不能达到生产指标。

李强特地找到这位厂长探讨一下目前的问题，厂长也正迷惑不解，他说，"工人们就是做事不上心，不管我怎么用好言好语劝他们，或者制订任务强迫他们都不管用，他们根本不理我。"

谈话的时候，刚巧工厂里换班的时刻到了，夜班工人来到厂里。

李强灵机一动，突然说："拿一支粉笔给我"，接着对走进自己面前的一个工人，问道："你们这班今天做了几个单位的工作？"

"6个。"

李强一句话没说就在墙上写了一个 "6" 字之后转身离开了。夜班工人陆续上班来了，他们看见这个"6"字，就问这是什么意思。

白班的工人说道，"董事长先生今天来这里了，他问我们做了几个单位，我们告诉他6个，他就在墙上写上了这个6字。"

清晨，李强来到厂里，朝昨天那墙上一看，像他预料中的一样，夜班工人已将"6"字涂去，换上了一个大大的"8"字。

到早晨，白班的工人来上班了，他们一来到厂里，就看见墙上大大的"8"字，他们都心里暗暗想到"别以为夜班的工人比日班的好，一定要给夜班工人一点颜色看看。"他们拼命地加紧工作，下班前，他们把一个大大的"12"字神气活现地写在了墙上。

工厂一改往日的萎靡不振模样，工人们个个干劲十足。不久，这个一度落后的厂就势如破竹一路打败了曾经超过它的工厂。

这其中的道理是什么呢？

李强解释道，要做成事情的办法就是激起竞争，这不是钩心斗角的竞争，而是胜过对方的欲望。

只要企业内部有竞争的气氛，每位员工都想领先进步，所以内部竞争对手就像斗鸡一样激发他们竞争的斗志。当这种竞争成为人们的习惯时，企业的车轮就在不经意间向前滚动了。

本田宗一郎是本田汽车公司的总裁，他曾遭遇这样一个难题：公司里很多员工无所事事，工作态度不端正，飘浮不定，让企业发展缓慢；可是又不能把他们全部开除。这让他左右为难，大伤脑筋。一天，一个叫宫泽的得力助手给他讲了斗鸡博弈的故事。

本田听了这个故事大受启发，他突然明白了：这个道理同样可以用在管理上。如果能从外部引来"斗鸡"，加入公司的员工队伍，以制造一种紧张气氛，就可以激活员工的活力。他马上分析现状并开始进行人事方面的调整。

销售部经理太墨守成规，不知变通，这已经严重影响了销售业绩和下属的干劲，所以，必须找一只"斗鸡"来，打破销售部停滞不前的沉闷现状。经周密的计划和努力，本田终于把松和公司的销售部副经理，年仅35岁的武太郎挖了过来。上任一段时间后，武太郎凭着自己丰富的市场营销经验和过人的学识，以及惊人的毅力和工作热情，创造了出色的销售业绩。由于武太郎的出色表现，其他员工也不甘落后，工作积极性马上就来了，公司呈现出一片生机勃勃的景象，公司的销售业绩当然不言而喻。

这次尝试有了效果之后，本田公司就紧紧抓住这个方法好好利用一下，每年都重点从外部"中途聘用"一些精干利索、思维敏捷的30岁左右的生力军，有时甚至聘请常务董事一级的"斗鸡"，这样一来，公司上下的员工都有了触电式的感觉，纷纷拿出热情投入到工作中去，避免自己在竞争中失去位置。最终不负所望，公司的业绩突飞猛进。

只有有压力才有动力，为了能让自己进步，承受压力的人必然比其他人付出更多，付出越多的人，收益就越多，进步得就越快。适当的竞争犹如催化剂，可以最大限度地激发人们体内的潜力。只有外有压力，内有竞争气氛，员工才会有紧迫感，才能激发进取心，企业才有活力。这就是斗鸡博弈在企业人才管理中的巧妙应用。

要想让企业永远处于领先地位，就要有竞争，巧用博弈的理论，这是一种把压力化做动力的竞争技巧，是一种永不落后的方法。

11

幸福也是一种投资
——恋爱中的经济学诡计

恋爱不只是花前月下的甜言蜜语，其实，简单的爱情里面也有复杂的经济学问题。你为爱情付出了什么？你从爱情中收获了什么？你的爱情的期限是多久？其实都可以从经济学角度给出解释。说白了，爱情也是经济行为，信不信由你。

▶▶ 不失望的恋爱秘诀

每一个人都会在心中模模糊糊地描摹出自己期望的另一半的样子，等到某一天，不经意的遇见了一个跟想象中差不多的人，便会觉得自己是一见钟情。其实，心里早就有这样的模糊的形象存在了，这是典型的按图索骥。

换句话说，恋爱中的人或者准备恋爱的人都是有预期的：对方的身高多少、体重几何、长相咋样、身世如何、爱好兴趣、气质魅力、家庭情况……这些模糊的条件组合在一起，虽然没有清晰的定出个图像来，但是却有个大致的框架。适合你的永远是一类人，而不是一个人。只要是一类人，那么就都属于这个框架。那么一旦某一天这样一个人出现了，你感到了心动，其实，不过是按照心里已经画好的图找到现成的人而已。

可是，毕竟了解一个人是很难的，我们不可能凭一面之缘就断定对方是什么人，即使是长久的相处，也无法完全了解对方。这就产生了预期与现实不一致的问题，很可能你遇到的那个人根本没有想象中的那么好，在一起时间长了就什么毛病都暴露出来了；也可能彼此都是很好的人，但就是不适合待在一起；也有可能是身边不起眼的人，以为完全没可能，可是天长日久之后却发现是自己的真命天子或者真命天女。

预期最大的特点就是具有不准确性。钱钟书的代表作《围城》讲述了一个失败的婚姻，从这个故事中，我们也可以看出，人们的预期是多么的不准确。

方鸿渐在欧洲留学四年换了三所大学，最后从爱尔兰骗子手中买了子虚乌有的克莱登大学哲学博士学位，四年后回国。经历一番周折之后，赵辛楣、方鸿渐、孙柔嘉、李梅亭四人费尽了周折终于到了三闾大学任教。三闾大学是为了躲避战乱而重新组建的学校，学校只有一百五十八位学生，刚刚聘好的教授十之八九托故不来了。

方鸿渐在一次晚宴上听范小姐说陆子潇追求孙柔嘉，给孙小姐写了好多信。这件事仿佛在复壁里咬东西的老鼠，扰乱了他，他想自己并未爱上孙小姐，何以不愿她跟陆子潇要好？孙小姐有她的可爱，不过她妩媚得不稳固，妩媚得勉强，不是真实的美丽。孙柔嘉已有意于方鸿渐，故意就此事向方鸿渐请教处理办法。方鸿渐对孙小姐虽然还只是朦朦胧胧有些好感，却下意识起了妒意，建议孙小姐将陆子潇的情书，不加任何答复地全部送还。

后来，方鸿渐也不想在三闾大学待下去了，自己筹划着退掉高松年的聘书，并在信中痛痛快快地批评校政一下，借此发泄这一年来的气愤。谁知他并未接到聘书，孙小姐倒是有聘约的，连薪水也升了一级。孙柔嘉退掉聘书与方鸿渐一同离开三闾大学。

方鸿渐想从桂林坐飞机到香港，然后再回上海，写信让赵辛楣给他弄飞机票，赵辛楣回信说他母亲也要从重庆到香港。方鸿渐与孙柔嘉在香港举行了婚礼，在香港遇到赵辛楣和苏文纨，而此时的苏文纨已是曹元朗的夫人了。苏文纨怠慢了方鸿渐和孙柔嘉，孙柔嘉感到受了委屈，回到旅馆免不了与方鸿渐大吵一顿。

回到上海后，孙柔嘉不想立刻去婆家，要先回娘家，婆婆嫌孙柔嘉架子太大，不柔顺。对她初次见面没有给公婆叩头也耿耿于怀，因而常常旁敲侧击、指桑骂槐地撩拨她和儿子的关系。柔嘉的两个妯娌，本来矛盾重重，但有一次听见公公夸孙柔嘉是新式女性能自立的话语，便马上把她认作共同的敌人，尽释前嫌，一致对外。孙柔嘉做梦也想不到她成了妯娌二人的和平使者。她们不仅背后对孙柔嘉挑剔诽谤，当面说话也常常暗藏机锋。

孙柔嘉和方鸿渐二人之间也总是争吵不断，他们都想按照自己的意志行事，结果经常发生冲突。他们为了择职吵，为了亲戚吵，为了朋友吵，甚至无缘无故，为了随便一句话也要吵。夫妻结合犹如冤家相逢，互相把对方当做出气筒。柔嘉让鸿渐到她姑母的厂里去做事，而鸿渐想到重庆去找赵辛楣，两人为此事又大吵一顿，最后鸿渐离家出走。一个人在大街上闲逛，最后还是决定回家与柔嘉和好，等他到家时发现柔嘉已经走了。

无论多么美好的感觉，我们都倾向于在事情发生的那一刻将其美化，其后在心中留下久久不去的完美印象，而实际上却总是有缺陷的。初始的两个人，由于不熟悉，总会被对方的外表、气质、谈吐等吸引，这种美好的感觉往往让自己调高对对方的预期，以为自己遇到了白雪公主或者白马王子，但是真正接触之后，真正在一起之后，才知道彼此不是完美的，总有些缺点是难以忍受的，于是预期就被完全打破。

毕淑敏写过这样一篇文章——《一见钟情还是按图索骥》，文章中这样讲道：其实，世界上完全丧失前兆的一见钟情是没有的。人们对于自己伴侣的设计，有着奥妙的先入为主的轨迹。它不但存在于我们的理智当中，也潜伏在不曾察觉的潜意识当中。也许你从来没有在纸上列出过你对这个问题的标准答案，但这并不证明你是彻头彻尾的一张白纸，并不等于你对与什么样的人共度一生，完全没有过自己独特的思考和认真的设计。也许从父母的言谈身教中，也许从邻里的街谈巷议中，也许从社会的规范评说中，也许从文学作品的潜移默化中……总之，纯粹的爱情白纸是没有的，在看似空无一物的卷宗中，有铅笔用虚线打下的草稿。在某个特定的时辰，某一个特定的形象恰好嵌入了这个无形的标准之中，一见钟情就以迅雷不及掩耳之势把它变成了工笔重彩描绘的现实。所谓的一见钟情，不过是按图索骥。

既然太高的预期容易让人失望，那么反过来说，如果预期很低，则容易获得意外的惊喜。著名的青蛙王子的故事就是一个很好的例子。

在遥远的古代，有一个国王有好几个女儿，个个都长得非常美丽；尤其是他的小女儿，更是美如天仙，就连见多识广的太阳，每次照在她脸上时，都对她的美丽感到惊诧不已。国王的宫殿附近，有一片幽暗的大森林，在这片森林中的一棵老椴树下，有一个水潭，小公主常常来到这片森林，坐在清凉的水潭边上，取出一只金球，把金球抛向空中，然后再用手接住。这成了她最喜爱的游戏。

不巧的是，有一次，小公主伸出两只小手去接金球，金球却一下子滚到了水潭里没影儿了。小公主哭了起来，这时她忽然听见有人关心地询问她是否需要帮忙。小公主四处张望，不料却发现一只青蛙，从水里伸出他那丑陋不堪的肥嘟嘟的大脑袋。

小公主对青蛙解释了原因，青蛙说自己有办法帮助她，但是得需要一些回报才行。

小公主回答说要什么东西都成，衣服、珍珠和宝石，甚至头上戴着的这顶金冠，都可以给青蛙，可是青蛙并不要这些，他提出要做公主的好朋友，一起游戏，吃饭的时候让他和公主同坐一张餐桌，用她的小金碟子吃东西，用她的小高脚杯饮酒，晚上还要睡在她的小床上，要是公主答应所有这一切的话，他就潜到水潭里去，把金球捞出来。

小公主答应了，但是心里却不想这么做。于是等青蛙把金球找回来之后，小公主把金球拣了起来，撒腿就跑，不理青蛙在后面叫喊。

第二天，小公主跟国王和大臣们刚刚坐上餐桌，才开始用她的小金碟进餐，突然听见啪啦啪啦的声音。随着声响，有个什么东西顺着大理石台阶往上跳，到了门口时，便一边敲门一边大声嚷嚷："小公主，快开门！"听到喊声，小公主急忙跑到门口，想看看是谁在门外喊叫。打开门一看，原来是那只青蛙，正蹲在门前。国王发现小公主一副心慌意乱的样子，就问她发生了什么事情。

小公主就把昨天的事情解释了一下。这时候，青蛙也在外面大声唱着昨天的故事。国王听了之后让小公主开门，放青蛙进来。

青蛙上了桌子之后，就开始用公主的金碟子吃得津津有味。过了一会，青蛙又要求去公主的卧室睡觉。小公主只好带着他上了楼，把他放在卧室的一个角落里。可是她刚刚在床上躺下，青蛙就爬到床边要求在床上睡。公主很生气，一把抓起青蛙，朝墙上使劲儿摔去。谁知他一落地，已不再是什么青蛙，却一下子变成了一位王子：一位两眼炯炯有神、满面笑容的王子。直到这时候，王子才告诉小公主，原来他被一个狠毒的巫婆施了魔法，除了小公主以外，谁也不能把他从水潭里解救出来。于是，遵照国王的旨意，他成为小公主亲密的朋友和伴侣，明天，他们将一道返回他的王国。

小公主因为讨厌青蛙，差点错过了天赐的美好姻缘。因为预期太低了，反而带来了意外的惊喜，这就是世事的奇妙之处。

这两个故事给我们的启示就在于，既然每个人心里都有一杆秤，不妨试着调低自己的预期。如果你期望得少一些，那么只要获得一点东西，就会非常满足、非常幸福。

任何人都在心中对未来有个预期，对人也好，对事也罢，如果不想失望，就不要过分地调高自己的预期，因为期望越多，失望就越多。适当调低你的期望吧，你会发现自己拥有的原来这么美好！

▶▶ 恋爱成本，全力以赴的投入

恋爱要付出成本，同时会获得收益，大多数人都会在恋爱对象与恋爱方式的选择上自觉或不自觉地进行成本收益的权衡与比较。幸福的爱情往往意味着恋爱的收益大于成本，而凄美的爱情则相反。只不过，其成本收益已远远超出纯经济因素的考虑，还会考虑到感情的痛苦与幸福、心理的折磨与愉悦，有的时候还会通过利他的行为来利己。也就是说，恋爱中的成本跟普通的成本不一样。

那么，恋爱的成本究竟都有哪些呢？

最显性的成本莫过于以金钱衡量的付出，不妨叫做会计成本，主要是指在恋爱过程中的现金或物资的直接支出。大学生恋爱中的会计成本，主要是交易费用。我们用一个会计的记账法来调侃一下风花雪月式的爱情。

　　首先是搜寻成本，如果你还没遇到合适的人，怎么着也得花点本钱去找找吧？创造点机会认识更多的人，这个成本可不容忽视。比如大学生，在搜索恋爱对象时所要投入的成本因不同的搜索渠道，会产生不同的搜索成本。一般来说，同班或系内同学的搜索成本较低，而到校外或婚介机构搜索的成本就较高。比如工作了的人，遇到的人有限，只能靠朋友亲戚的相互介绍，那么制造机会也是一大笔支出。

　　不过这还只是恋爱的小小前奏，一旦发现可行的目标，继而就需要大笔的支出啦，不妨把这个叫做投资，最形象不过了。花前月下、请客吃饭、跳舞看电影、送礼物等等无不费时费力费钱，而这些就构成了追女朋友的直接成本。

　　有个故事讲出了恋爱的成本和其中的无奈。

　　一个年轻人爱上了一个姑娘，最后这个姑娘成了他的未婚妻。这天，姑娘过生日，年轻人想送件礼物。他来到商店，看了钻石、珠宝等，但它们太贵了，他根本买不起。突然，年轻人看见了一个花瓶，这个花瓶是如此美丽，以至于年轻人觉得把它送给未婚妻再合适不过了，但它依旧这么贵。

　　年轻人看了很久，终于经理注意他了。听了他的境况，经理很同情。他指着墙边一大堆碎花瓶片说：这样吧，我叫人把这些碎片给你送去，再让这人进门时装作失手跌落不就行了？

　　到了女孩生日那天，年轻人很紧张。果然有个伙计送来一个盒子，但他进门时把它跌落在了地上。所有客人都看着这个盒子，拆开一看，是些碎花瓶片，但每一碎片都是分开包装好的……

　　不管是谁追谁，肯定要送礼物、制造浪漫气氛和机会，那么这些支出可就不容忽视哦！有个流行的笑话，用会计的记账法表示了这个过程。

1.搜寻期间：

借：经营费用——业务招待费。

贷：现金。

2.找女朋友初期：

借：材料采购。

贷：银行存款（牛，认为自己有钱，刷卡）。

3.拍拖一阵后：

借：材料采购。

贷：现金（疲软，用钢蹦儿了）。

4.持续、空虚借钱：

借：现金。

贷：长期借款（不知什么时间还）。

事实确实如此，想要抱得美人归，就得下一番苦工夫。不过，如果这些付出能够得到美好的结局当然好，可是大多数情况下，还是有不少人一拍两散，那么前期的成本就白费了，于是又有一个新名词诞生了：沉没成本。

沉没成本，也就是一经投入就难以回收的成本。在恋爱过程中，男女双方各自的投入往往难以收回，也即构成了沉没成本。正是因为如此，恋爱中投入较多的一方是较不容易提出分手，而投入较少的一方较为容易提出分手。如果两者的投入基本平衡（如实行花钱的AA制），因双方都有不小的沉没成本，所以比较容易巩固双方的关系。

那么，恋爱中的一方为什么又喜欢看到对方为自己大量投入呢？原因有二：一是对方投入量的多少，可以被看做爱的多少的标尺，这里有一种信号功能；二是对方投入越多，沉没成本就越高，就越不容易提出分手，从而掌握恋爱中的主动权。但是，对方的投入越多，就必然会要求更多的回报。如果他或她的投资回报率大大低于社会平均水平，则很容易发生感情投资的转移。

乐观地说，如果你的恋情进展顺利，自然就不涉及清算沉没成本的问题啦，不过这时候却有新的成本产生，那就是机会成本。

机会成本是指在恋爱中所投入的时间、精力和金钱等资源如果投入到别的领域或另一个恋爱对象时可能带来的最大收益。前者可能导致工作狂，后者就是最让人遗憾的"有缘无分"的情况啦。流传已久的徐志摩和林徽因之间的唯美爱情故事从一个侧面说明了这个概念。

徐志摩出身望族，他父亲徐申如是浙江硖山镇巨富，经营银行，是有名的银行家。按照父亲的意愿，徐志摩应该子承父业，因此到西方留学时，他读的是经济系。但不久他就觉得经济学与他无缘，他经常与文学家交往，渐渐荒疏了经济学，不久即辍学到欧美各国游历。在伦敦，听说著名的书法家兼诗人林长民来了，即上门求教，不意竟因此邂逅林徽因，当即坠入爱河。

与林徽因相见之时，徐志摩已是一个两岁孩子的父亲，二十四岁的他比林徽因大八岁，是大哥哥辈的人物了。当时，他的妻子张幼仪与孩子都来了伦敦。在徐志摩向林徽因发动多次猛烈攻势之后，林徽因看似牢固的防线最后决了堤，她是这样对他说的：我不是个感情随意的女子，你必须在我与张幼仪之间做出抉择。浪漫的徐志摩当即回家告诉张幼仪，准备离婚。张幼仪虽然感到太突然，但仍理智地对待这件事，随即带着孩子往德国留学去了。徐申如听说儿子如此对待妻子，气愤之下宣布断绝父子关系，并停止供粮，且将银行业务及财产交由张幼仪主管。此后这位徐家大公子就靠自己的双手养活自己了。张幼仪的大哥叫张君劢，是民国初期政坛风云人物；二哥张嘉敖则是当时政府中央银行总裁。林徽因就这样当了第三者，这一插足后果比较严重。事实上，徐志摩也做了第三者，因为林徽因当时也已经许配给梁思成。很有意思的是，作为父亲的林长民竟然也首肯了女儿与徐志摩之间的爱情，浑忘了自己已经把掌上明珠许配给了梁家大公子。

然而，林、徐好景不长，因为不久后林长民游欧时间结束，她只得随父亲归国，等徐志摩赶回国时，林徽因已与梁思成订婚了。徐志摩是梁启超的学生，在老师面前，除了克制自己外，还能做什么呢？但在遇到陆小曼之前徐志摩一直怀念着林徽因，且总是梁、林家里的常客。

梁思成和林徽因到美国留学后经常产生矛盾，激烈的时候，林徽因就给国内的徐志摩写信，因为这样，徐志摩对林徽因一直心存幻想。梁思成和林徽因学成归国后任教于东北大学，后因林徽因身体欠佳，曾在北京西山养病一段时间，梁思成未在身边。这一时期，徐志摩经常去西山看望林徽因。因为这样一段经历，后世研究者总以为徐志摩和林徽因之间的关系已经越过雷池了，然而谁也拿不出证据来。因此，徐志摩和林徽因的感情到底到了哪一步，至今恐怕是个悬案。不久，徐志摩在北京的舞会上认识了有夫之妇陆小曼，徐志摩再次插足并与陆小曼结婚。徐志摩婚后并不幸福，甚至很不幸福，又常向朋友倾诉，对象主要是胡适、林徽因和凌叔华等，直到1931年遇难身亡。林徽因在1931年和1934年分别写过两篇纪念徐志摩的文章，真情流露。

徐志摩对林徽因的影响是巨大的，如果没有徐志摩，林徽因是不会搞文学的。还在伦敦刚相识之时，徐志摩写过很多诗送给林徽因，最有名的是《偶然》。

在遇到一个人并决定结婚的时候，你就放弃了更广阔的世界啦！这就叫机会成本。也许这么说会让人很反感，但是在经济学上确实如此。

恋爱即使修成了正果，也是需要不断地付出的，不妨把这个叫做边际成本或者说变动成本。如果你是男生的话，你不可以再每天睡懒觉，你不可以再抽烟、喝酒，你不可以打游戏，你要练习忍耐，你还要陪她逛街，记得每一个纪念日和她的生日……如果你是女生的话，你要记住每天早晨会有一双惺忪的眼睛向你要温热的早餐，他也可能挑剔你的发型老土、你的衣服难看……爱情是需要不断维护的，这种维护啊，就跟固定资产的检修似的，没完没了，说白了，爱情有多久，边际成本就要付出多久哦！

此外，还有一种不太明显的成本，统一叫做心理成本吧，这主要是指恋爱过程中因各种不确定性或挫折而带来的心理压力与精神负担。失恋的人需要一段时间来恢复，毋庸置疑，这时不想干正经事、安不下心等，都直接导致生产力下降，产出降低，心理成本的代价也很高哦！

世界上没有免费的午餐，即使是爱情也是如此。没有全力以赴的投入，没有倾情的维护，任何爱情都不会结出甜美的果实。如果你准备好了，就开始这项人生中风险最大的投资吧，只要营运得当，你会收获大于成本的收益的！

▶▶ 懂得经营感情，才会收获更多

爱情是有缘才相聚，纵然不能勉强，但是如果有一天真爱出现在你面前，你又该怎样对待这份感情呢？千万不要因为自己的放逐失去本应该属于你的幸福。

千万不要相信偶像剧中所谓的因为不能让心爱的她幸福而悄然离开。是否想过，你们正是对方的幸福。爱不是逃避，是努力。不是逃避着给彼此幸福的责任，而是努力践行让彼此幸福的义务。当你说离开是为了不让对方受到伤害的时候，你已经给对方造成了最大的伤害。只有努力，真爱才会日久天长。

不要因为太害怕分手，就放纵他的一切。体谅是因为爱，而不是因为恐惧。有爱就有责任，不能简单的放手。

会轻易离开的爱人便不算爱人，就算付出再多，要离开的人，终究是会离开。

在不了解的情况下不是真正的爱情。在不了解的时候，我们仅仅是喜欢，达不到爱情。当缺点暴露无遗，大多时候这种喜欢也走到尽头了。

爱是宽容，不管他对自己如何都会爱他。爱上不了解的人，或许，你爱的只是他的新奇罢了。

千万不要相信对你说他不在乎你跟多少异性亲密过的人。这样的人不是骗你就是在玩你，或者根本就不在意你。你会不介意你的爱人和异性亲密到忘记你存在的地步么？想想就知道了。要么，他很可能脚踏几只船。

不要和几个异性有纠缠不清的关系。爱情是两个人的存在，容不下第三个人。凡是觉得可以左拥右抱的无非是网上小说看多的人。记住，爱情是自私的。

彼此要有足够的空间。适当的和异性保持距离，对你们的爱情是有好处的。距离太近的话，距离的神秘感就会消失，自然这种距离美就不存在了。

不要用掩盖一时的谎言欺骗他。记着，若你没有骗他一辈子的把握，那么便对他说实话。当谎言在现实的攻击下变成泡沫的时候，一切就随之灰飞烟灭了。

不要把相貌看成是很重要的东西。经过60年后，谁又能没有皱纹，没有白发？谁又能不变衰老，不变矮小。也许你没有美貌，但你有才华。也许你没有才华，但你温柔。也许你没有温柔，也许你什么都没有，但是可能，他爱的就是你的平淡如水。

不要太受周围的环境影响。谈恋爱的是你们，和周围的人又有什么关系。但是请善待彼此的家人、朋友。大多时候，我们只是把环境当借口罢了。

不要认为他爱你便会一辈子都宠着你。在你的一再伤害下，他也会离开，因为你不懂得珍惜，不值得他去爱。

懂得珍惜，才能懂得爱情。

不要在冲动时说一些伤害对方的话。没有人愿意拿热情换冷漠，拿体贴换伤害。冲动的话语，也许已经伤透了他的心。钉下一颗钉子容易，但是拔起它，你是否能修复好栅栏上的洞呢？一旦你说了伤害他的话，那么请诚心认错，用你的温柔去化解伤害，是否有效就看是什么情况了。

不要吵架就失踪。动辄无故失踪十天半个月的人，很难给人安定的感觉。同时他还要担心你的安全。

不要丢失自己的尊严。你可以没有他，但不能没有自己的尊严。如果他不爱你，对你所做的一切都熟视无睹。

不要瞎承诺不兑现。做不到的承诺，比没许下更可恶。也许很多男女都喜欢那一张张空头支票，但当你发现每一张都不能兑现的时候，你还会爱着这个骗子么？

不要自私的活着。人活着不是只为了自己，还有父母、爱人、孩子。也许我们会要做很多我们不喜欢做的事情，但是为了他们，请不要抱怨。因为，有爱就有责任，自然要承担这种责任。

不要对你不爱的人模棱两可，让他抱希望。希望越大，失望就越大。也许你只是喜欢被人爱的感觉吧，当他对你绝望的时候，会因为你一时的贪婪，而对你厌恶。

不要说我后悔做了什么事。不管做了什么选择，是不是正确的选择，请不要后悔。时间不可能倒流，每个人都要为每个人的过错承担责任。很多时候，错过了就永远消失了。

要用智慧来经营感情。只有懂得经营，才会收获真正属于自己的幸福。

▶▶ 爱情比一般合作更需要信任和理解

爱情与经济行为有相似的地方，也有它独特的地方。爱情是感性的，爱情是需要信任的，恋爱或者结婚的两方，就像长期处于重复博弈的两个对手一样，这辈子都捆在一起。如果这一次做错了事，可能伤了对方的心，甚至导致劳燕分飞；如果这一次做对了，也可能留住彼此，在甜蜜中厮守终生。爱情博弈是高风险的，一招走错，一盘尽输。

相爱的人，在彼此面前都会露出最真实的一面，这是好事，也是坏事。好处就是彼此能够更好的了解对方，不好的地方就是彼此太了解了，往往不顾颜面，横冲直撞，可能是一件小事，就容易引起轩然大波。

恋爱与婚姻应该抛开权力、地位等的局限，如果你完不成身份的转换，那就无疑要面对失败的婚姻。

阿尔贝托和维多利亚女王夫妻相处和睦，但是也有不愉快的时候，原因就在于妻子是女王。

有一天晚上，皇宫举行盛大宴会，女王忙于接见贵族王公，却把她的丈夫冷落在一边。阿尔贝托很生气，就悄悄回到卧室。不久，有人敲门，房间里的人很冷静地问："谁？"

敲门的人昂然答道："女王。"

门没有开，房间里没有一点动静。女王只得再敲门。房里的人又问："谁？"

女王和气地说："维多利亚。"

可是，门依然紧闭。女王气极了，想不到以英国女王之尊，竟然还敲不开一扇房门。她带着愤愤的心情走开了。可是走了一半，想了想还是回去，于是又重新敲门，里面仍然冷静地问："谁？"

敲门人轻声地说："你的妻子。"

这一次门开了。

夫妻间斗嘴就像是博弈，有些时候不妨先退一步，自己软下来，对方也就不好再计较下去。在独木桥上相遇，总要有一个先退回来，不然就会两败俱伤。感情也是如此，适当的忍让，才是维系感情的良药。

社会是变化的，当下层出不穷的第三者、闪婚闪离事件，都说明了感情的脆弱。如果希望感情历经日久洗礼仍温馨如故，就需要对彼此多一点信任和支持。

很久很久以前，有一对新婚夫妇生活非常贫困，往往要靠亲友的接济才能活下去。一天，丈夫对妻子说："亲爱的，我要离开家了。我要去很远的地方找一份工作，直到我有条件给你一种舒适体面的生活才会回来。我不知道会去多久，我只求你一件事，等着我，我不在的时候要对我忠诚，我也会对你忠诚的。"

很多天后，男人来到一个正在招工的庄园，他被录用了。他让老板答应他一个请求："请允许我在这里想干多久就多久，当我觉得应该离开的时候，您就要放我走。我平时不想支取报酬，请您将我的工资存在我的账户里，在我离开的那天，您再把我挣的钱给我。"双方达成协议。

年轻人在那里一工作就是20年，中间没有休假。忽然有一天，他似乎听到神的召唤似的，于是他对老板说："我想拿回我的钱，我要回家了。"老板说："好吧，我们有协议，我会照协议办的。不过我给你两个选择，要么我给你钱，你走人；要么我给你三条忠告，不给你钱，然后你走人。你好好想想再给我答复。"

他想了两天，然后找到老板说："我想要你那三条忠告。"老板提醒说："如果给你忠告，我就不给你钱了。"年轻人坚持说："我想要忠告。"于是老板给了他"三条忠告"：第一，永远不要走捷径。便捷而陌生的道路可能要了你的命。第二，永远不要对可能是坏事的事情好奇，否则也会要了你的命。第三，永远不要在仇恨和痛苦的时候做决定，否则你以后一生会后悔的。老板接着说："这里有三个面包，两个给你路上吃，另一个等你回家后和妻子一起吃吧。"

在远离自己深爱的妻子和家庭20年后，男人踏上了回家的路。一天后，他遇到了一个人，那人问他："你去哪里？"他回答："我要去一个沿着这条路要走20多天的地方。"那人说："这条路太远了，我认识一条捷径，几天就能到。"他高兴极了，正准备走捷径的时候，想起老板的第一条忠告，他回到了原来的路上。后来，他得知那个人让他走的所谓捷径完全是个圈套。

几天后，他走累了，发现路边有家旅馆，他打算住一夜，付过房钱后他躺下睡了。睡梦中他被惨叫声惊醒，他跳了起来，正想开门看看发生了什么事，但他想起了第二条忠告，于是回到床上继续睡觉。起床后吃完早饭，店主问他是否听到了叫声，他说听到了，店主问："您不好奇吗？"他回答说不好奇。店主说："您是第一个活着从这里出去的客人。我的独子有疯病，他经常大声叫着引客人出来，然后将他杀死埋掉。"

他接着赶路，终于在一天的黄昏时分，远远望见了自己的小屋。屋里的烟囱正冒着炊烟，还依稀可以看见妻子的身影，虽然天色昏暗，但他依然看清了妻子不是一个人，还有一个男子伏在她的膝头，她抚摸着他的头发。看到这一幕，他的内心充满仇恨和痛苦，他想跑过去杀了他们，他深吸一口气，快步走了过去，这时他想起了第三条忠告，于是停下来，决定在原地露宿一晚，第二天再做决定。

天亮后，已恢复冷静的他对自己说："我不能杀死我的妻子，我要回到老板那里，求他收留我，在这之前，我想告诉我的妻子我始终忠于她。"他走到家门口敲了敲门，妻子打开门，认出了他，扑到他的怀里，紧紧地抱住了他。他想把妻子推开，但没有做到。他眼含泪水对妻子说："我对你是忠诚的，可你背叛了我。"妻子吃惊地说："什么？我从未背叛过你，我等了你20年。"他说："那么昨天下午你爱抚的那个男人是谁？"妻子说："那是我们的儿子。你走的时候我刚刚怀孕，今年他已经20岁了。"丈夫走进家门，拥抱了自己的儿子。在妻子忙着做晚饭的时候，他给儿子讲述了自己的经历。一家人坐下来一起吃面包，他把老板送的面包掰开，发现里面有一沓钱——那是他20年辛辛苦苦劳动得来的工钱。

不要轻信别人的言语，你的眼睛所看到的事实也有虚假。你的爱人是你在世界上最亲的人，也是爱你和你爱的人，他们用尽全部的爱来关心你、保护你还唯恐不够，他们宁愿用自身遭受痛苦的代价来换取你的平安，他们宁愿用自身的辛苦来为你换取幸福，不要为了一时的传言或者自己的猜疑而怀疑你的爱人。亲人之间，是一种血浓于水的情感，这种信任，是建立在血脉的纽带上的不可断绝的信心，如果你连自己的爱人都不信任，那么这个世界上还有什么人能够让你相信，你又能够依赖谁呢？

信任你的爱人，不是简单的表现在言语上、行动中，这种信任给予一种浓厚的亲情，是不可替代不可更改的。这种信任有可能是表现为一个鼓励的微笑，一个温暖的拥抱，一次有力的握手。

爱情就像是一场长期的博弈，联系在一起的两方就这样一辈子要相互影响。如果想要将感情永远保鲜，就请收起自己的架子与脾气，多一点忍耐、多一点信任，用心经营你的感情，必将收获真情的硕果。

▶▶ 爱情请不要从结婚时贬值

相爱容易相守难。爱情的定义，每个人有每个人不同的看法，现实生活中，男女互相之间受到对方的吸引，从而产生了感情，不是件困难的事情。可是问题在于，面对一份感情时，如何把握手中的幸福？见多了离散，你还能相信天长地久的爱情吗？都说婚姻是爱情的坟墓，是不是美好的爱情，一旦走进婚姻的殿堂，便变得一文不值？

我们不妨先来看一个调侃的说明书，这里面详细地介绍了什么叫"老婆"，史上第一份老婆说明书。

【品名】民间俗称老婆，正式场合可称妻子或内人；现亦叫达令。

【化学名称】woman

【成分】水、血液脂肪类碳水化合物，气味幽香。

【理化性质】性质活泼，根据情况可分为一价（嫁）、二价（嫁）、三价（嫁）……N价（嫁）。易溶于蜜语、甜言；在真情、钻石，金钱、豪宅的催化下熔点降低。难溶于白丁。

【性状】本品为可乐状的凹凸物，表面光洁，涂有各种化妆品，对钻石、铂金有强烈的亲和力；羞涩时产生红移现象；生气产生蓝移（绿移）；本品随时间推移产生黄移，形状会有所改变，但不影响继续使用。

【功能主治】 主治单身恐惧症顽疾，对失恋和相思病也有明显效果。

【用法用量】建议一生一片。

【注意事项】本品仅适用于单身之成年男性。服用时需小心谨慎，如药品导致使用者出现耳朵变软、惧内、气管炎等现象，则必须马上找相关专业医师咨询，并在医生指导下使用；没有则可继续使用。多吃有致命的过敏反应，吃两种以上即导致不良的相互作用！

【规格】通常为45千克至65千克，如出现特殊超重情况，请男人加强锻炼或找健康医生处理。

【贮藏】常温下妥善保存，室内通风处最佳；如在室外，则需避免女性、帅哥成群处。使用期间，尤忌本品夜不归宿。

【包装】各种时装、首饰、手袋，并随季节变化随时更换。

【有效期】视幸福程度而定，最长可达一生；最短，一天也可能失效。

【批准文号】正式批准文号见钻戒说明书内页。

【生产企业】老丈母和老丈人。

婚姻是神圣的承诺，一旦许诺，就要忠诚地用一生去守卫这个诺言。可是生活毕竟是生活，生活就是现实，柴米油盐这些琐事总会让爱情的美丽大打折扣，往往让曾经相爱的彼此反目成仇，难道婚姻真是爱情贬值的罪魁祸首吗？

看到年轻的情侣在雨中散步，你会感叹道：真浪漫啊！情人节男朋友送来一束玫瑰，你送给他一盒样式可爱的巧克力，别人会满脸羡慕地对你说：好幸福啊！下雪了，两个人一起静静地在路上踩出一大一小两排脚印，是给马路留下了浪漫的痕迹；过生日，忽然从广播里听到他专门点播的歌曲，是给夜空留下了浪漫的电波。所有这些浪漫的记忆，发生在我们还年轻的时候，还有激情、对生活仍充满了希望的时候，那时候，我们把这种浪漫叫做爱情。

有人说，婚姻是爱情的坟墓。如果真是这样，那么，婚姻是否也是浪漫的坟墓呢？

当工作了一天，丈夫回到家后，见到妻子，说的第一句话往往是："今天可真累！"这样的见面语令妻子倍感伤心。妻子见到丈夫的第一句话往往是："嗨，你今天有没有想我？"面对这样的询问，丈夫一般会有点木然地说："嗯，这个，工作，想了。"这样的回答肯定不会令妻子满意。男人是理性的，女人则是感性的。女人将自己认为很有趣同时觉得也很有真实性的一本书拿给男人之后，男人会匆匆翻几页便丢在一边，说道："满篇的谎话，鬼才相信！"可是女人会一边看一边掉眼泪，其实，她只是想让丈夫来安慰一下，找到当初在自习室里，那个小男生羞怯地给自己一方手帕的浪漫。生活就是这样，当房子、车子、孩子、老人等一系列现实的话题摆在面前时，我们早就忘记了曾经拥有的那一份爱情的浪漫，只想着柴米油盐，衣食住行，早已将爱情抛在了脑后，以为它不过是无所事事的年轻人刻意创造的玩物。

晓娟在老家有份稳定的职业，平日上班很是清闲，喝喝茶，聊聊天，每个月拿一两千的工资，家里有房有车，她所赚的工资全由她自己支配，日子倒也过得挺惬意的。美中不足之处是，她老公一直在上海他弟弟的公司里做事。所以夫妻两个人聚少离多。长期这样也不是办法，2003年，晓娟向单位请了假，也来到了上海。

久别之后，他们夫妻两人刚开始还挺恩爱的，但是好景不长，没多久就开始吵架。原因其实简单，这两个人都是个性很强的人，先生爱喝点小酒，酒量又不怎么好，一喝多了，说话有时候就不经过大脑。晓娟又把他的酒话全部当真，于是夫妻两个就天天吵架，吵到后来，发展到动手打架。再好的感情也禁不起这样三天两头的吵闹与打架，再说男人与女人之间，先天就有体质的不同，两夫妻打架，谁输谁赢是明摆的事情。

于是随之而来的事情就一大堆，闹到了要离婚的地步。为此，双方家里的亲戚、朋友不得不出面当和事佬，劝了这个劝那个，整天不得安生。

这样的日子谁过得都不痛快，晓娟最终选择了回到老家继续上班。人就是这么奇怪，在一起天天要吵架，分开了，反而感情又慢慢回升，他们两个人平时经常煲电话粥，很是甜蜜，大家看着都觉得好笑。但是这两个人一旦生活在一起，又恢复以前的样子了。听回家过春节的其他朋友说，2008年的春节没过完，他们又开始吵架了。看来，他们实在是不适合长期一起生活。

说他们没有感情，并不是这么回事，如果让他们生活在一起，又非得闹矛盾不可，看来他们最大的问题就是出在各自的脾气上，只要有一个肯退一步，让一让，就完全是两样了。相爱容易，相守太难。爱上一个人并不难，难的是如何让爱情保鲜，如何让感情持久。现实生活中，多一些包容，多一些体谅，多替对方着想。现实中的诱惑有许多，如果不好好珍惜，再深的感情，也保不准哪天就变质了。爱情纵然是无价的，可是婚姻和生活却让爱情面临贬值的风险，如果不想贬值，就要好好维系这份感情。那么，又该如何守护呢？

如何对待女人呢？温柔地对待她们。这句话的原则就是：男人们，你们的力量不是用来恐吓威胁你的妻子，使她们服从你，而是用来爱护她们，保护她们；女人们，也不要顽固地用你们的智慧显示你们的聪明，以削弱或控制你们的丈夫，你们的聪明是用来补充你丈夫的缺点和完善你丈夫的能力的。这种温柔，本身就是一种浪漫。看来前面提到的这位丈夫是深得温柔的秘诀了。其实这样的爱，并不是发生在小说和电影里的，只要两个人真心相爱过，在他们的记忆中总会有过闪光的一瞬。也许正因为有这瞬间的美好，才会使平淡的爱情变得恒久起来。让我们一起来珍惜那些走过的日子。

结了婚也需要浪漫，也需要爱情的滋润。当爱情刚开始的时候，往往有着惊天动地的形式和无穷的花样。当我们慢慢习惯周旋于生活的琐碎事情，当我们慢慢习惯于彼此的面孔和规律，似乎可以准确的预知彼此的一举一动时，当爱情慢慢变成亲情时，爱情也会变得更加平常，更加平淡。如果不想让爱情从结婚的那一刻起开始贬值，请用心维护彼此的感情。我们都是只有一只翅膀的天使，只有拥抱在一起才能飞翔！

····Chapter 12

少付出也能多得到
——偷懒中的经济学诡计

　　有一个很有意思的现象——多劳未必能够多得。在生活中，很多时候，并不是埋头苦干就可以的，你必须动脑筋思考一下付出与得到之间的比例，寻求得失平衡。任何位置都有那个位置该有的经济学对策，正确地运用策略，让自己少付出却得到的更多吧。

▶▶ 为什么做得"慢点"会更好

其实，有时候，我们在人生的旅途中不如放慢步伐，这样也许会更好。为什么说慢点更好？经济学课程里面有一个著名的模型叫做"智猪博弈"。这个模型是这样的：假设猪圈里有一头大猪、一头小猪。猪圈的一头有猪食槽，另一头安装着控制猪食供应的按钮，按一下按钮会有一定单位的猪食进槽，两头隔得很远。假设两头猪都是理性的猪，也就是说它们都是有着认识和实现自身利益的猪。再假设每次猪按动按钮后，就会有10个单位的饲料进入猪槽，但这些饲料它们也不是白白得到的，猪跑到食槽就要消耗相当于2个单位饲料的能量。

还有，如果一头猪按了按钮之后，吃的东西却比另一头猪要少。也就是说，按按钮的猪不但要消耗2单位饲料的能量，还比等待的那个猪吃得少。

一共可能出现如下几种情况：如果大猪去按按钮，小猪等待，大猪能吃到6份饲料，小猪4份，那么大猪消耗掉2份，最后大猪和小猪的收益为4：4；如果小猪去按按钮，大猪等待，大猪能吃到9份饲料，小猪1份，那么小猪消耗掉2份，最后大猪和小猪的收益为9：-1；若两头猪同时跑向按钮，那么大猪可以吃到7份饲料，而小猪可以吃到3份饲料，最后大猪和小猪的收益为5：1；最后一种情况，两头猪谁也不去按按钮，那么它们就什么都吃不到，这样它们的收益就都为零。

不妨用下面的表格来表示，这样就能看得更清楚，数字表示不同选择下每头猪能吃到的饲料减去消耗量后的纯收益量。

智猪博弈的收益表

大猪/小猪	按按钮	等待
按按钮	5/1	4/4
等待	9/−1	0/0

我们可以从这个表格中看到一个均衡点，如果采取大猪按按钮、小猪等待的策略，它们都可以吃到4个单位的饲料。

我们可以看到，如果小猪主动劳动，那么小猪的收益居然是−1。这比都躺在那儿对于小猪来说还要吃亏，小猪当然是不会去主动按按钮的。

如果大猪按按钮，则大猪到达食槽后，还能吃到剩下的一些残羹冷食；如果小猪按按钮，则在小猪到达食槽前，大猪就会把食物全部吃光。既然小猪劳动不得食，则小猪不会主动按钮，而大猪为了生存，尽管只能吃到一部分，还是会选择劳动（按钮）。那么，两头猪为了都能吃到食物，就会选择让小猪等待，大猪按按钮。

对于大猪来说，既然小猪选择等待，那么，大猪就只有去按按钮了，这样还可以吃到4份饲料。我们已经说过了，假设了大猪和小猪都是理性的智猪，那么当大猪知道小猪不会主动去按按钮的时候，它亲自去动手总比不动要强，因此它会为了自己的利益而主动地奔走于按钮和食槽之间。因此，等待对大猪来说，是一种劣势的策略。

因此，它们只能采取小猪等待、大猪按按钮这个策略了，这就是智猪博弈的最后均衡。

从中我们可以看出，小猪如果不仔细思考，就开始劳动的话得不到任何的好处，所以有时候慢一点反倒是好的。

其实，生活中存在着很多这样类似的例子，适当地放慢一下脚步很可能会得到好处，积极反而不能得到好处。那么大家就要想了，怎么才能得到最好的结果呢，那就需要我们用一下智慧了。

比如，某种小企业生产的新产品，在其性能和功用还不为人所熟识的情况下上市，同时，还有其他大企业在生产这种产品。那么，小企业完全没有必要做出头鸟，自己去投入大量广告做产品宣传，只要采用跟随战略即可。

这就是当前国际中很常见的一种现象，人们在占有更多资源的同时必须要承担更多的义务。就像谁先去按这个按钮，就会造福全体，但多劳却并不一定多得。

同样的，我们可以再看下面一个关于乌龟和兔子的故事。

在森林，乌龟和兔子在进行比赛，它们谁先到达目的地，拿到比赛规定的东西就算谁赢了。但是规则中还有一条就是给定了两条相反的路线，随便凭自己的感觉来挑选一条，而且错误的那条路上有一条河，先到达的会掉下去，就算输了。比赛的规则是，只要知道一个输了，另外一个就不用比赛了。我们来看看乌龟要不要努力地和兔子赛跑呢？

那么，兔子和乌龟就要开始思考它们的策略有哪些呢？一共就有四种选择，我们假设两个方向为A、B。

1. 兔子和乌龟同时选择A方向；
2. 兔子和乌龟同时选择B方向；
3. 兔子选择A方向，乌龟选择B方向；
4. 兔子选择B方向，乌龟选择A方向。

首先我们强调一点这不是龟、兔赛跑的故事，兔子是不会中途睡觉的。兔子的速度比乌龟快，这是不容置疑的，那么分析一下这几种方案。

咱们先假设A为正确方向。如果采取第一种方案，乌龟就是输定了，所以对乌龟来说这个方案是绝对的劣势，不管乌龟的速度怎么样，它都输了。

而采取第二种方案，乌龟则会赢。因为兔子跑得快，那么兔子就会首先到达河边，这个时候兔子就输了，乌龟不管多慢都赢了。

如果兔子选择了正确的方向，而乌龟选择了错误的方向，那么乌龟就输定了。

如果兔子选择了错误的方向，而乌龟选择了正确的方向，兔子达到河边掉下去之后就输了。那不管乌龟的速度怎么样，乌龟都赢了。

从这四种方案，可以看到不管怎么样，乌龟的速度是赶不上兔子的，胜负只在选择方向上，乌龟只要慢慢地爬行就可以了。但是事先又不知道哪个方向是正确的，所以乌龟还是慢慢地爬最好了，总有兔子会在前面给自己探方向的。

即使兔子知道乌龟的这种想法，也没有选择，它要为自己的利益着想，它就只能为自己的胜负而快速奔跑。

从这几个假设性的例子我们可以看到，多劳多得有时并不一定成立。有时候大猪的劳动只能为自己取得一点成果，为他人带来好处，但是如果自己不这样的话那大家都将失利。

在生活中，总是存在像大猪和小猪之间这样的博弈。大家都不愿意去做的时候，你没有办法，你是大猪就要承担这样的任务。

既然这样，有时不如选择放慢一点脚步，因为，慢点也有慢点的智慧所在。

▶▶ 合理的吃掉免费午餐

如果我们有了免费的午餐，应该怎么处理呢？智猪博弈的故事还给了我们这样的提示，站在小猪的角度就可以吃到免费的午餐。在猪圈里面，表面上虽然小猪的实力比大猪要弱得多，但是，强势的大猪不是每一次都能占据优势的。

在这里，我们看到了免费的午餐，免费的午餐不是没有，就看我们能不能吃得到。

如果有一天，大猪发威了，宁愿饿着也不去按按钮。小猪也会跟着挨饿了，没办法啊，如果自己去动的话还要消耗更多的能量。

其实，生活中也存在着很多的小猪，它们那种会吃免费午餐的精神是值得我们学习的。其实免费的午餐没有什么不对的，有便宜的时候为什么不捡呢？

杨刚是一名公司的普通职员，他在工作的3年中就奉行着这样的处世哲学。"我就纳闷，怎么会有那么多人下了班嚷嚷着自己累？要是又累又没有加薪升职，那只能说明自己笨！我轻轻松松地从小职员当上经理，反正硬骨头自有人啃，我是不会去啃的。"

"同事不会有意见吗？"他的朋友们疑惑不解。

杨刚一脸神秘，笑了笑，说："秘诀就在于此了，我们得保证在困难时总有人愿意帮助你。第一，平时要善于感情投资，跟同事搞好关系，让他们觉得跟你是哥们儿，关键时刻出于义气帮助你；第二，立场要坚定，坚决不做事，什么事都让别人做。有些人就是爱表现，那就给他们表现的机会，反正出了事，先死的是他们。万一碰上看不惯我、也不爱表现的人，我就会说，对不起，我是真的做不来啊，但是我真的很想做的！如果你想开除我，我的朋友们都会为我说话的。"

杨刚在职场中，就是那种所谓的"小猪"，做什么事喜欢投机取巧，眼光放远点儿看的话，这不是一种好方法。

究竟是做"大猪"，还是"小猪"呢，相信很多人都有这个问题。

光从表面上来看，"大猪"是很辛苦的，但是，"小猪"在私底下也不轻松。虽然工作可以偷懒，但私下里，要花费更多的精力去编织、维护关系网，否则在公司的地位便会岌岌可危。要不是有人为杨刚撑腰，他怎么敢有恃无恐呢，不得不说，"小猪"是会左右逢源的聪明人。

在企业里，"小猪"靠着"大猪"加班来拿加班费的情况比比皆是。因为我们什么都缺，就是不缺人，所以每次不论多大的事情，加班的人总是越多越好。本来一个人就可以做完的事，总是会安排两个甚至更多的人去做。"三个和尚"的现象这时就出现了。如果大家都耗在那里，谁也不动，结果是工作完不成，挨老板骂。这些常年在一起工作多年的战友们，对对方的行事规则都了如指掌。"大猪"知道"小猪"一直是过着不劳而获的生活，而"小猪"也知道"大猪"总是碍于面子或责任心使然，不会坐而待之。因此，其结果就是总会有一些"大猪们"过意不去，主动去完成任务。"小猪们"即使在一边逍遥自在，什么事不干，等到拿奖金时，也能跟"大猪们"一样拿。

不得不说，这样的做法是有点儿欠妥当，但是，这也正是"小猪们"的优点所在。他们会"偷懒"，他们不是不做事，而是可以自己不做的事情那就让别人去做吧。

这就是为什么在辛苦的职场中，很多人感慨为什么有些人干得不多，却能和别人拿到一样的工资的原因了。

其实，故事中的主人翁杨刚在偷懒的同时，还能这么的心安理得，第一是因为他也有足够的实力的。我相信他平常的工作是做得很好的，要不然也不能胜任一个经理的地位。第二就是他有足够的交际能力。这也是现在的一种能力，不要小看它，也不要觉得这是在借别人的力量。别瞧不起借助别人力量的人，这也是一种社会能力，可以让自己永远有免费午餐可以吃。

在职场中，我们何不做一个聪明的小猪，让他人心甘情愿为你提供午餐呢。要做到这一步，一定要有一种分析的智慧，并且还得很好地维护自身的利益。

不止在职场上，这样的事情也会在很多的投资案例中发生，只要善于观察，免费的午餐无论在哪儿都是有的。例如我们在进行理财方面，我们不懂那么多的金融知识，但是我们还是要进行理财啊，这个时候我们就可以跟着别人了。

金融证券市场里的真实情况非常复杂，它是一个群体博弈的场所。在证券交易中，其结果不仅依赖于单个参与者自身的策略和市场条件，也依赖其他人的选择及策略。

虽然大猪是比较占据优势的，但在"智猪博弈"的情景中，大猪别无选择，不得不为了能吃到食物而辛勤忙碌，占据弱势的小猪反而搭了便车，可以不劳而获。这个博弈中的关键要素是猪圈的设计，即踩踏板的成本。

其实，这种情形证券投资中也是常常会出现的。例如，当庄家在低位买入大量股票后，已经付出了相当多的资金和时间成本，如果不等价格上升就撤退，就只有接受亏损。

所以，只要大势不是太糟糕，庄家基于和大猪一样的贪吃本能，为求手中股票的增值，都会抬高股价。这时的中小散户，就可以对该股追加资金，当一只聪明的"小猪"，而让"大猪"庄家力抬股价。当然，这种股票的发觉并不容易，所以当"小猪"所需要的条件，就是发现有这种情况存在的猪圈，并冲进去。只有这样，我们才会成为一只聪明的"小猪"，能够搭乘"大猪"的顺风车。

从策略选择上看，这种博弈的结果是值得庄家与散户参考的。例如，对股票的操作是需要行业分析、企业调研、财务分析等成本的，事先、事中和事后的信息处理，都需要金钱与时间成本的投入。

机构投资者一旦已经投入许多资本，是不会轻易放弃的。而中小散户，不太可能事先支付这些高额成本，更没有资金控盘操作，因此只能采取小猪的等待策略。而散户则可以在庄家动手为自己觅食主动出击时，从中发现机会，这样就是一只聪明的"小猪"。

可以说，散户投资者与小猪有一相似之处。小猪在"智猪博弈"中没有优势，而散户没有承担炒作成本的能力。所以就应该充分利用资金灵活、成本低和不怕被套的优势，发现并选择那些机构投资者已经或可能坐庄的股票，等着大猪们为自己服务。

但是不能说散户在机构的博弈中，总是没有优势。关键是找到有大猪的那个食槽，并等到对自己有利的游戏规则形成时再进入。

散户如果想要在股市里真正地挣钱，就要做到以下几点：置身于股市当中，做到见股票涨而不急，见股票涨而不激动，这才是进入了可挣钱的境界；散户在没有确定机构真的采取行动之前，切记要保存实力，绝不能轻举妄动。

要彻底地掌握这个道理，关键是要把握好大猪的心态，这样才会有免费的午餐。不过，经济学中的有些理论看似简单，其实运用起来还是有难度的。

每个人都想通过简单地劳动，而收获更多的东西，那么我们为什么不用取巧的方式，只要不违反道德、不触犯法律，为何不利用免费的午餐呢？就像金融投资的机会，你跟着投资了其实也不伤害谁的利益，不投资那就是自己的损失了。

学会利用免费的午餐，合理地吃掉，那么，企业经营会越来越大，越来越强。

▶ 换个思维，得到更多

如何才像小猪那样什么都不做，就可以吃到东西？当然，每个人都想要这样的结果，但是并不是每一个人都可以做到这一点的，这需要我们的智慧。

有一个广泛流传的故事可以很好地揭示这个道理。

某大学公开招聘经济学和会计学两名教授，A教授和B教授经过层层选拔，最终获得机会。接下来就是一个让所有人想不通但现实得不能再现实的选择过程。会计学教授的工资是5000元/月，而经济学教授的工资是3500元/月。A、B两教授具有相同的学历背景——会计学硕士。同时又都有经济学的教学经验，A教授的会计学教学经验优于B教授。以你我之头脑去分析，知识就是金钱，知识越多，工资越高，A教授理所当然地会获得会计学教授职位。这就是我们这些聪明人的天真之处。殊不知现实并非如此。因为B教授知道市场行情，而且知道到了目前不可能有新的竞争者加入。因此，在与教务主任谈判时，极力否认自己具有经济学的教学经验，甚至说如果让他去讲授经济学会误人子弟，与其这样，自己宁可不要这份工作。而A教授为了证明自己的能力，加之对博弈论研究不够，一开始就合盘托出，甚至大谈特谈自己的经济学教学经验。相信每个人到这儿都看出门道，教授不可能随便丢掉到手的美差，而学校也更不可能重新招聘，最后B教授获得了会计学的教授职位，而A教授则获得了经济学的教授职位。

这是活生生的现实，并不是不存在的事情。你是不是经常为自己渊博的知识而自豪呢？或者你也经常为有些人仅有一技之长却比你拿了更高的薪水而郁郁寡欢呢？不要责怪自己，也不要怨天尤人，生活中这样的例子比比皆是。这些事情即使我们想不通，这也不是谁的错，在某些方面还有它的科学性。

很明显，A教授的学问比B教授更加厉害一些，但是，结果却不正比于他们的学问。所以有时候积极地去表现并不是一个很好的结果，所谓能干就多干点嘛，大猪当然就是大家认定的能干之人。

B教授能得到那个高薪水的职位，没有通过在教务主任面前吹嘘自己的能力，也没有卖力地去展示自己。当然，这似乎看起来很不公平，但是现实就是这样，不公平是正常的，要做的是怎么在不公平中突破，即使现实不公平也能得到自己的位置。人们只有这样，才能生活得更好，这才是真正利用了自己的智慧。

这样的运作在商业上更是多见，我们要向小猪学习，借他人之力让自己成长。仅仅依靠自己的力量，小猪是长不大的，甚至还有可能饿死。对于很多的小企业也是如此，不依靠外部的力量是很难成气候的，外在已经有的舞台和力量直接用就可以了，在这些方面什么都不用再去做了。

当然，管理者要想让自己在职场中翱翔，就更要学会借助外在的力量。

"树上开花"是兵法《三十六计》中的第二十九计，里面描述道："借局布势，力小势大。鸿渐于陆，其羽可用为仪也。"句意为借助某种局面（或手段）布成有利的阵势，兵力弱小但可使阵势显出强大的样子。此计就是说弱小的部队通过凭借某种因素，改变外部形态之后，自己阵容显得充实强大了，就像鸿雁长了羽毛丰满的翅膀一样。

众所周知，张飞是三国时期的一员猛将，但是，他却是一个十足的有勇有谋的大将。刘备起兵之初，与曹操交战，多次失利。刘表死后，刘备在荆州，势孤力弱。这时，曹操领兵南下，直达宛城，刘备慌忙率荆州军民退守江陵。由于老百姓跟着撤退的人太多，所以撤退的速度非常慢。曹兵追到当阳，与刘备的部队打了一仗，刘备败退，他的妻子和儿子都在乱军中被冲散了。刘备令张飞断后，阻截追兵。张飞只有二三十个骑兵，怎敌得过曹操的大队人马？那张飞临危不惧，临阵不慌，顿时心生一计。他命令所率的二三十名骑兵都到树林子里去，砍下树枝，绑在马后，然后骑马在林中飞跑打转。张飞一人骑着黑马，横着丈八长矛，威风凛凛站在长坂坡的桥上。追兵赶到，见张飞独自骑马横矛站在桥上，好生奇怪，又看见桥东树林里尘土飞扬。追击的曹兵马上停止前进，以为树林之中定有伏兵。张飞就是靠这"树上开花"之计，凭着区区二三十名骑兵，用计阻止了曹兵的追击，这样，刘备和荆州军民才顺利地撤退。

人们对张飞的印象就是一个粗人，但他也能想出这"树上开花"之计。其实，说白了，这方法只不过就是借助了地形，让别人以为自己很强大而已。

我们应该像张飞这样，要学会借助别人的力量。小猪的力量小，就要找到大猪，让大猪的实力为自己服务，增加自己的竞争力。

美国的佛雷化妆品公司在20世纪50年代末，基本独占了黑人化妆品市场。虽然有很多的化妆品公司与其竞争，但是它的霸主地位始终无法撼动。

这时，公司有一名叫乔治·约翰逊的推销员打算邀请三个同伴一起创业，自立门户。其实最开始大家对他的实力很是怀疑，因为在与佛雷的竞争中败下来的大公司已经不计其数了，这样的小公司根本没有竞争力。但是乔治却只想从佛雷分到一杯羹，他们不是要和佛雷竞争，所以佛雷从某种意义上来说越发达，他们借助佛雷的力量就更容易赚到钱。

果然，他们产品的广告词让大家大吃一惊：黑人兄弟姐妹们，当你用过佛雷公司的化妆品之后，再搽上一层约翰逊的粉质膏，你会有意想不到的结果！乔治说到做到，他们顺利地从佛雷分到了一杯羹。

这则广告不像一般的广告那样，总是通过贬低别人来抬高自己。这则广告确实在推销佛雷的产品，但其实却是在推销自己的产品，这就是借助别人已有的声誉，自己什么都不干的策略。

他们把自己的新产品和佛雷的名字摆在一起的这个方法很有效，让佛雷这只大猪给自己开拓了市场，消费者们很自然地就记住了约翰逊的粉质膏，并接受了它。走出第一步之后，约翰逊又开始推出一系列的新产品，这时候的消费者已经接受了他们的东西，随之而来的新产品推销就变得不是那么难办了。

他们经过了几年的努力，不仅打败了佛雷，还成功地霸占了黑人化妆品市场。

这就是一个很好的借助别人力量的例子。但是，得有一个前提条件——至少要有自己的品牌，而且被依靠的商家得足够的壮大，这才更有利于扩大自己的市场。

借助别人的力量自己不做，也不是一点事情都不做，只是别人可以帮我们做的，我们就可以不做了。给自己生活一点悠闲，给自己的工作一点智慧和方法，让自己活得更加自在一些。

▶▶ 给别人留一点，自己得到更多

就像古语所说的得饶人处且饶人，不吝啬该给别人留一些的时候，就给别人留一些，这样才不会把自己的路堵死。我们都知道了小猪的优势策略是等待，大猪去按按钮，小猪等待其中受益。不管小猪在这个博弈中动不动，都不会有什么损失，而大猪不动，大家都吃不到东西，大家都想有得吃，大猪就必须劳动。

主要是因为我们设局的不合理，才会造成这样的局面。我们不能说小猪是在偷奸耍滑，也不能说它懒惰，主要是因为劳动并不能给它带来任何的益处，甚至是消耗更多的能量。

如果你是猪圈中的大猪，你也不愿意长期这么下去，可是为了有食物吃不得不劳动，怎么办呢？这时候我们不妨做一点策略的改变。

为此，在原有智猪博弈上出现了一种新的智猪博弈，这里给出了三种改变的方案。

改变方案一：减量方案。

把食物减少到一半的分量，这样的结果是它们都不会去踩踏板了。小猪去踩，大猪将会把食物吃完；大猪去踩，小猪也将会把食物吃完。谁去踩踏板，就意味着为对方贡献食物，所以谁也不会有踩踏板的动力了。从想让猪去多踩踏板这个角度来考虑，这个规则就是失败的。

改变方案二：增量方案。

把食物增加到原来的两倍，结果是小猪、大猪都会去踩踏板了。谁想吃，谁就会去踩踏板。反正对方不会一次把食物吃完。在这个物质相对丰富的"共产主义"社会里，小猪和大猪的竞争意识不会很强。

这个规则的成本对于游戏规则的设计者来说是相当的高，要提供双份的食物；而且因为竞争不强烈，想让猪去多踩踏板的效果并不好。

改变方案三：减量加移位方案。

把投食量减少为原来一半的同时，将投食口移到踏板附近。结果呢，小猪和大猪都在拼命地抢着踩踏板。等待者不得食，而多劳者多得。每次的收获刚好消费完。

这是一个最好的方案，对于游戏设计者来说，这样不仅成本不高，而且会有最大收获。原版的"智猪博弈"故事给了竞争中的弱者（小猪）以等待为最佳策略的启发。但是对于社会而言，因为小猪未能参与竞争，小猪搭便车时的社会资源配置的并不是最佳状态。规则的设计者为了使资源最有效配置，是不愿看见有人搭便车的，不管是政府还是公司的老板都是不愿看到的，只是游戏规则的核心指标设置合适，才能完全杜绝"搭便车"现象。

其实，设计者在第三种方案中，就是在为小猪留下一些口粮，这样才能保证大家都能吃到东西，而最初的设计是不合理的。

只有这样，小猪才会有食物的保证，但是要付出自己的劳动。最重要的是，劳动了就一定有吃的，这当然就是一个很有诱惑力的东西了，小猪大猪当然都会抢着为自己创造财富了。

如果公司的激励制度过于丰厚，公司职员几乎不用太辛苦的工作就可以成为百万富翁，这样不仅有很高的成本，而且，员工的工作积极性一定不会高。这相当于"智猪博弈"增量方案所描述的情形。但是如果奖励力度不大，而且见者有份（不劳动的"小猪"也有），一度十分努力的大猪也不会有动力了——就像"智猪博弈"减量方案所描述的情形。最好的激励机制设计就像上文说的方案三减量加移位的办法一样，不能人人都有奖励，奖励要直接针对个人。比如，业务按比例提成，这样，对公司而言既节约了成本，又消除了"搭便车"现象，还能刺激员工工作的积极性。

管理者们一定要好好考虑这一问题，这样才能给自己的公司带来最大化的收益。可是生活中很多时候游戏规则却不能由我们自己来做很大的改变，如果我们是生活中的大猪，我们该做什么呢？我们能不能就放弃了自己按按钮的劳动，撒手不干了？

前面，我们都是论述如果我们作为小猪该怎么办，作为小猪有便宜我们就要学会去捡，怎么利用自己的智慧让大猪去为自己服务。

其实在这个最开始的假设里，我们还可以思考大猪和小猪的分配是不是存在着问题呢？如果最开始就不要这么绝对地给小猪劣势原则，而是小猪劳动之后会有一些粮食给自己留着。或者，小猪按了按钮回来之后，大猪等着它一起吃，这样小猪就能得到更多，小猪的劳动积极性也会随之增加。

再看下面这个对比很明显的故事。

有两个矿区的老板，他们在不同的地方。一个老板很大方，给工人的工资比哪儿的都要高。而另外一个老板就不是这么想的，他觉得矿区是自己开发出来的，钱应该全归自己才对，因此只给工人发一些基本的工资。

就这样，两个矿区的人都在生活着。前一个地区的工人除了用自己工资来满足自己的基本生活外，还进行其他的消费，他们的生活范围也被扩大了。逐渐地，这边的工人都活得很滋润，工人的后代该上学的上学，平时大家该怎么娱乐就怎么娱乐。而这个矿区的老板又开始在附近的地方开办了很多的消费场所，赚取了更多的钱，发给工人的工资更多，大家干事也更卖力。良性循环进行着，矿区也在完善着，安全措施之类的都做得很好。过了好多年后，一个繁华的小城镇就在这儿产生了。

而另外一个地方却完全是一番相反的景象。在老板最大化的压榨下，工人的劳动效率很低，就连惩罚也没有用，好像大家都反对他。慢慢地，这里越来越荒凉，矿里面还老是出事，医药费都花掉了不少，他自己都不明白这究竟是怎么回事呢。

其实通过这两个对比的故事，我们可以清楚地看得到，因为分配出了问题才会产生不同的结果。当你多劳了也得不到更多的时候就没有积极性了。作为一个管理者就要注意，稍微激励一下员工，给予一点甜头只会为自己换来更多的利益。

给别人留一些，自己会尝到更多的甜头，既然这样，我们何乐而不为呢。

▶▶ 适当用点"老二哲学"

只要是有上进心的人都想成为第一的，但是，凡事不能太勉强，第一不是人人都能当的，快乐的第二也未尝不好。刘翔在每次大赛的预赛上，总是余留一些力气，按照刘翔的话说，预赛跑第几并不重要，只要能轻松进入复赛即可。在田径黄金联赛中，刘翔却总是赢，从某种意义上说，他的胜利是智猪博弈思维的体现。

奈尔伯夫是美国的一位经济学家，他采取了一个跟刘翔完全相反的决策，因而也落了个失败。他参加剑桥大学的五月舞会。舞会有一种赌博游戏，每人得到相当于20美元的筹码，参与者以押赌注形式参加，最后，胜利者可以得到明年舞会的免费入场券。

在最后一轮结束时，奈尔伯夫凭着他的好运气赢得了800美元筹码，获得了第一名。第二名是一个英国的姑娘赢得了400美元的筹码，其他参赛者都被淘汰出局，聪明的英国姑娘要求求和，但是傲慢的奈尔伯夫拒绝求"和"。

英国姑娘在最后一轮破釜沉舟，把400美元押在了3的倍数上，取胜的概率是12/37；奈尔伯也毫不犹豫地把自己的800美元筹码押在了2的倍数上，取胜的概率是18/37。

奇迹真的发生了，英国姑娘胜了，她获得了明年的免费入场券。

事实上，奈尔伯夫犯了一个致命的错误，就是他想很快赢得第一名，即使他再怎么悔恨也于事无补了。其实，胜利对于奈尔伯夫已经不重要，如果他跟随英国姑娘后面押相同的筹码，输赢最后的结果自然是奈尔伯夫占据上风，也就是说排在第一名对于老奈来说，已经不重要了，重要的是把英国姑娘的筹码都吸到自己囊中即可。只要老奈跟随英国姑娘后面，他们就会输赢相同，但是他的筹码本来就多，所以一定会取得最后的胜利。

刘翔和奈尔伯夫不同之处就在于，名次对刘翔来说不重要，他只要能进入决赛就行，而盲目的"亡命发力"导致了奈尔伯夫的失败。

一般，我们只对赛场上刘翔的速度关注，却很少关注刘翔的思想速度，很少有人能做到刘翔这样的思想速度。而"奈尔伯夫式"错误却是我们会犯的，我们善于用奈尔伯夫的思想去追刘翔的体能速度，结果当然可想而知。

"宁为鸡头，不当凤尾"这句中国古话想必大家都听过，它告诉人们不能落后于别人，要争当第一。"不当凤尾"是正确的，凡是有所追求的人，都不能甘于落后。但是如果你一心想着"宁为鸡头"的虚名，往往会为此付出很大代价，而紧跟着你的老二，却占尽实利。

在这个明星当道的时代里，我们可以明显地看到，能在竞争激烈的社会中拥有更多属于自己的利益，只有全球性的明星能做到，而一般的小明星大多是默默无闻。迈克尔·乔丹只有一个，第二名，尽管天分可能相差无几，但也只能拿到1/10甚至1/100的收入。

但是，在商业社会中，就截然不同了。日益发达的交通和通讯设施，和正在成熟的网络经济时代，正在改变人类的生存状态，也使得企业间的竞争变得越来越残酷。第一也好，第二也好，只有先生存、找出路，才可能再谋发展。对于大多数公司来说，他们想要登上塔顶浪尖是十分困难的，既然这样，为何不学着在"老大"的光环外找生存的空间呢，这才更能解决问题。

"不战而屈人之兵，乃上策也。"这句话出于《孙子兵法》。悄悄跟着老大走，便是不战而屈人之兵的上策。日本索尼公司在不久前曾向外界公布了一个秘密，带给我们很多启示。过去，索尼在研发上投入很大，但往往只开花不结果，花了九牛二虎之力将新产品推出之后，别的公司却每每已经掌握了相关技术，所以，索尼公司成了冤大头，为他人作嫁衣裳。索尼公司紧跟市场，为此改变了策略，致力于研究别人打开市场的新产品的不足，在此基础上迅速推出性价比远远优于第一代的第二代产品，结果可想而知，他们会打败对手并占有更大的市场。

不要因为做"老二"而闷闷不乐，应该学会如何从"老二"那里得到更多的利益，从而使自己在做事的一开始就可以借"蹭车"获得利润。

"老二哲学"是中国台湾企业经营管理中的一个重要概念，意思就是要做第二，不做第一，也不做第三。而是紧紧地跟在第一后面，一旦有了机会，就冲向第一的位置。没有人甘心做第二，这只是暂时的，等待时机成熟，老大的位置就非你莫属了，说白了，"老二"只是一个过渡而已。

在曾经风火一时的VCD行业中，万燕曾经是此行里面的老大，但是，最后步步高和爱多把钱都挣去了。当年万燕投入了很多钱，向消费者宣传VCD是好东西。当VCD有了市场之后，并且大家也认为VCD是好东西时，步步高和爱多及时抓住机会，他们在万燕研制的基础上加以创新，不断完善自己的营销网络，并有了自己的品牌，最后把价格调低，推向市场，他们成功了，同时，万燕也失败了。

由上面的例子我们可以看出，当某大企业推出了一种新产品后，你可以通过自己独特的优势，把新产品加以利用，照样可以从第二变为第一。比如温州人生产打火机的例子，足够证明这种观点。

十几年前，一些从日本回来的温州人，把打火机带回了自己的家乡，并送给了亲戚朋友们。其中有的亲戚朋友脑子很灵，就将打火机各零件全部拆开，而且都仔仔细细地研究过，之后经过短短的三个月时间，温州人就用自己的双手做出了中国的第一只打火机。这个温州人名叫周大虎。在20世纪90年代初的时候，打火机还处于高档次产品行列，每只日本产的拥有金属外壳的打火机，市场售价为30到40美元，而温州人凭着廉价的劳动力和快捷的仿造工艺，在保证具有相同质量的前提下，造出的打火机仅以1美元的价格出售，并且投入到国际市场中。现在，由于温州的打火机市场竞争力太强，使得原来的世界三大打火机生产基地，包括日本、韩国和中国台湾中的80%的厂家倒闭。而温州的打火机销量却一直很大，94%的国内市场和80%的世界市场都被他们占领了。

我们可以大胆地说："温州人一年之内生产的打火机其长度为地球赤道周长的两倍。"事实上，这种说法并不夸张。

"商业中的模仿行为是可耻的，关键看你会不会模仿，将它赋予新的内涵后就意味着你的成功。"温州某打火机生意的商人说。

从某种程度上说，第二也意味着有成为第一的机会，就看你会不会抓住了。

▶▶ 小不忍则乱大谋

人们在生活中，是需要学会如何去"忍"这一道理的，自己不能由着自己的性子，想做什么就做什么的。在故事中，作为"小猪"，在博弈中采用等待和跟随的优势策略，便可以吃到免费的午餐。但是，在生活中、工作中和商业活动中，很多时候我们不甘心做那只"小猪"。因为小猪只能吃到不多的食物，或许会限制自身的发展。但同时，小猪与大猪的博弈中，小猪是没有优势的，这样不妨采用"忍住性子，后发制人"的策略，等待时机，去抢占食物。

田忌赛马是众人皆知的后发制人的例子：田忌在孙膑的指导下，先牺牲了第一匹慢马，虽然处于落后的局面，但是之后的两匹马接连战胜了齐王的两匹马。就这样，田忌顺利取得了这场赛马比赛的胜利。

可以说，忍是一种处世的学问，小不忍则乱大谋，因此我们一定要学会忍。俗话说：心字头上一把刀，一事当前忍为高。无论是在事业上，还是在个人的人生征途上，挫折和失败是难免的。后发制人中一个重要的方略就是暂时忍让。

隋炀帝是隋朝一个十分残暴的皇帝，在他的压迫下各地农民揭竿而起，就连许多官员也纷纷转向农民军，来帮助他们起义。隋炀帝本来疑心很重，对朝中大臣，尤其是外藩重臣，更是易起疑心。

李渊在未当上唐太祖时，为官一直很亲民，多方树立恩德，因而声望很高，还结识了不少英雄豪杰，人们纷纷来归附他。这样，大家都替他担心，怕他遭到隋炀帝的猜忌。正在这时，隋炀帝下诏让李渊到他的行宫去晋见。李渊因病未能前往，隋炀帝很不高兴，多少产生了猜疑之心。当时，隋炀帝的一个妃子是李渊的外甥女，李渊未来朝见，隋炀帝向她问起原因，王氏说是病了，紧接着，隋炀帝急忙问道："有生命危险不？"

李渊知道了这个消息后，更加谨慎了，他察觉出来隋炀帝有点容不下自己了，但是起义的时机还不成熟，只好忍耐等待。于是，他故意败坏自己的名声，整天沉湎于声色犬马之中，而且大肆张扬。隋炀帝听到这些，果然放松了对他的警惕。

这样，他才能在太原顺利起兵，并且建立了大唐帝国。

忍，是一种以退为进、以弱胜强的博弈哲学！要知道忍不是妥协，不是委曲求全。就像"沉默是为了雄辩，而非噤声；雌伏是为了雄飞，而非隐退；忍辱是为了雪耻，而非饮恨！"这句话说得一样，忍是为了以后的成功。

亚科卡是克莱斯勒的前任总裁，他就是在竞争激烈的商业社会，依靠"忍住性子，后发制人"而大获成功的。

在20世纪70年代初，亚科卡是美国著名企业家，在担任福特汽车公司总经理的八年中，为公司挣了35亿美元的利润。正当他春风得意之时，由于忌妒和猜忌，他被老板亨利·福特免去了福特汽车公司总经理的职务。54岁的亚科卡面对精神的创伤和打击，没有向命运低头，决心先忍让一段时间，慢慢再来施展自己的才华，大干一番事业，让亨利·福特后悔当初的决定。

亚科卡拒绝了一些条件优厚的企业的邀请，他为了实现抱负，去克莱斯勒汽车公司担任总裁，当时这家企业已经深陷危机、濒临破产了。上任后，他首先对公司组织机构大动手术，并在全体员工特别是主管人员中，实行以品质、生产力、市场占有率和营运利润等因素来决定红利的政策，主管人员没有达到预期的目标，将扣除25％的红利。还规定在公司尚没有起死回生之前，最高管理层各级人员减薪10％，而亚科卡本人的年薪只有象征性的一美元。他想以此表明，大家都在为走出困境而苦斗。为了争取政府贷款，他亲自出马向新闻界游说，不得不像个被告一样站在国会各个小组委员会面前接受质询。亚科卡为了工作操劳过度，有一次还差点儿晕倒在公司的走廊里。

80年代初，在亚科卡几年努力奋斗下，克莱斯勒汽车公司开始扭亏为盈，终于走出了困境。1983年赢利9亿美元，1984年创利润达24亿美元，1985年首季获纯利5亿多美元。顿时，亚科卡一夜之间出名了，甚至还有人鼓励他竞选美国总统。在1988年竞选总统时，老布什也把他当作"十分强有力的竞争对手"。

试想，亚科尔当初若没有选择暂时忍让以积蓄力量、励精图治，还会有后来的成功吗？忍是职场博弈中成功的法宝，许多能忍之人必会收获更多。

魏莹是一个活泼热情、能说会道的小姑娘，她去了大成公司销售部没多久就谈下了几笔大买卖。再加上她性格开朗，人又大方，公司上上下下都很喜欢她，开玩笑地叫她"小财神"，可这引起了一个人的不满——销售主管孙小平。

孙小平平时不苟言笑，凭着自己是公司老总的远亲，即使没有什么业绩还盛气凌人，并且特别喜欢教训人。孙小平常常训斥魏莹做人太高调，不懂谦虚，销售部的人都不喜欢他，魏莹每次被训斥后只是轻松地笑笑，跟没事似的。

公司的销售业绩自从魏莹来了后，一下子节节攀升。公司在一年后，评选年度先进人物时，同事们都推荐魏莹，没想到最后却是孙小平上台领奖。看着孙小平在台上虚伪做作地说着致谢词，大家都为魏莹抱不平，他孙小平凭什么呀，抢了人家的功劳沾沾自喜，一点也不知道害臊。而魏莹仍然只是轻松地笑了笑，看了看台上的孙小平，一句话也没说。

孙小平在获奖以后，在销售部就更加猖狂了，不仅经常抢业务员的功劳，对魏莹的态度也更加恶劣了。大家都劝魏莹直接去跟老总反映，虽说不一定能压制住孙小平，但至少可以打击打击他的嚣张气焰。但是，魏莹却还是笑了笑，比以前更卖力工作了，大家都说魏莹是一个老好人。

几年后，没想到魏莹突然辞职了，被大成公司的死对头集安公司高薪聘请过去，做销售主管，大成公司绝大部分的客户也被带走了，这个重创使大成公司一下子陷入了危机之中。以前的同事们都百思不得其解，凭魏莹的业绩和能力，只要她向老总申请，在大成公司得到一个主管职位是轻而易举的，为什么她几年来都没有争取，却突然跳槽到别的公司呢？有些同事去问魏莹，魏莹笑了笑回答说："以我这几年的成绩，向大成公司要一个主管职位确实很容易，但是这几年来，孙小平频繁抢夺我们的功劳，公司老总都没有说话，不管他知道还是不知道，这么不公平的事情存在了这么久，说明这家公司的用人制度是不完善的，或者说是不公平的，在这样一家公司继续做下去，谁能保证我做了主管以后就能受到公正的待遇呢？还不如暂时忍下来，锻炼好自己的本事，等到时机成熟，再争取我相应的待遇。再说了，有突出的业绩和工作能力，我走到哪里会不受欢迎呢？"同事们听了魏莹的这番话后，被她的远见和忍耐力深深地折服了。

忍让是一种心法，一种涵养，一种美德，在生活中，我们不能没有忍让。可以毫不夸张地说，忍让是我们从"小猪"走向"大猪"的必修之术，也是企业经营的一个大法宝。